일본, 조선병합을
기념하다

일본은
왜
한국역사에
집착하는가

홍성화 교수의 한일유적답사기

일본은 왜 한국역사에 집착하는가

③

일본, 조선병합을 기념하다

홍성화 지음

시여비

들어가며

적어도 한국인이라면 알아야 할 역사

군 복무를 마친 지 얼마 되지 않았을 때, 외가 친지들과 오랜만에 만날 기회가 있었다. 그 자리에서 외숙부이신 이상혁(李相赫) 변호사께서 내게 사진첩 한 권을 건네주셨다. 무엇이 담긴 것인지 궁금해하며 펼쳐보니, 그 안에는 일제강점기 한국과 일본의 고관들 모습, 그리고 당시 한반도의 풍경이 차례로 수록되어 있었다. 표지에 적힌 제목은 『병합기념 조선 사진첩(倂合記念 朝鮮寫眞帖)』. 일본이 1910년, 이른바 병합조약이라는 이름 아래 대한제국을 강제로 병합한 사실을 '기념'하기 위해 제작된 사진첩이었다.

1910년 8월 22일 오후 4시, 제3대 한국통감 데라우치 마사타케와 대한제국 총리대신 이완용은 병합조약을 체결하였다. 불과 일주일 뒤인 8월 29일, 조약은 공포되었고 이로써 대한제국은 역사에서 사라졌다. 우리는 이 사건을 '경술국치'라 부르며 오늘날까지 국가적 치욕으로 기억하고 있다. 그러나 당시 일본으로부터 작위를 받은 일부 친일 관료들은 오히려 이를 자축하며 천장절(일본 천황의 생일)을 맞아 부부 동반으로 도쿄 관광에 나섰다. 역사의 무게를 외면한 채 권력과 영화를 좇은 이들의 모습은 오늘날에도 결코 가볍게 넘길 수 없는 상년이다. 문제의 사진첩은 바로 그 무렵 신반도사(新半島社)의 사장이었던 스기 이치로베이(杉市郎平)에 의해 기획·제작된 것이었다.

외숙부는 도쿄 간다(神田)의 고서점 거리에서 이 사진첩을 구입하셨다. 이후 1993년, 국가보훈처에서 영인본을 간행하면서 '부끄러운 역사를 되풀이하지 말자'는 문구와 함께 주변에 배포하기도 하였다. 나 또한 그때부터 사진첩을 접하며 틈틈이 당시 상황을 되새겼지만, 사진첩은 말 그대로 사진만 수록되어 있었기에 등장 인물이나 배경에 관한 설명이 부족했다. 그래서 언제나 '이 사진에 역사적 맥락을 덧붙일 수 있다면 얼마나 의미가 클까'하는 아쉬움이 남아 있었다.

2023년 4월, 어머니께서 별세하신 지 1주기를 맞은 해에 나는 『일본은 왜 한국역사에 집착하는가』를 출간하였다. 이 책은 한일 관계를 선사시대에서 근대에 이르기까지 통사적 시각에서 조망한 저술이었다. 다행히 독자들의 큰 호응을 얻어 교보문고 광화문점 베스트셀러 매대에까지 올랐고, 세종 우수교양도서로도 선정되는 영예를 얻었다. 이 과정은 저자로서 감사와 겸허의 마음을 일깨워 준 동시에 앞으로의 집필 방향을 고민하게 만들었다. 한일 관계라는 방대한 주제를 통사적 관점으로만 다루는 데에 그치지 않고 시대별로 나누어 구체적인 사례와 자료를 제시하는 시리즈를 기획해야겠다는 생각이 자리 잡게 된 것이다.

그 연장선에서 2024년에는 고대사를 주제로 「일본 백제계 지명과 신사」라는 부제의 답사기를 펴냈다. 이는 일본 각지에 남아 있는 백제계 지명과 신사 유적을 직접 답사하며 일본 속 백제계 씨족(氏族)의 역사를 기록한 성과물이었다. 이어 2025년에는 조선 후기 일본에 파견된 통신사의 일기를 중심으로 근세편을 출간할 계획이었다. 그러나 곧 올해가 광복 80주년이자 을사늑약 체결 120주년이 되는 해라는 사실을 떠올리게 되었고, 이를 독자들과 함께 성찰하기 위해서는 무엇보다 근대편을 먼저 다루는 것이 뜻깊을 것이라 판단하였다. 그 순간 다시금 떠오른 것이 바로 『병합기념 조선 사진첩』이었다.

광복 80주년은 아이러니하게도, 강점의 고통이 없었다면 기념할 이유조차 없는 날이다. 그러나 그보다 앞선 35년 전, 우리의 국권을 강제로 빼앗은 일본 제국주의와 그에 동조한 친일 세력의 행적은 반드시 기억해야 한다. 『병합기념 조선 사진첩』 속 사진들은 1910년의 현실을 고스란히 담아낸 역사적 증거물이다. 우리는 이 기록을 통해 당시를 직시하고 잘못된 역사는 결코 되풀이하지 않겠다는 다짐을 새겨야 한다.

역사는 단순히 과거의 기록이 아니라 오늘과 내일을 비추는 거울이다. 잘못된 과거를 외면하거나 망각하는 순간, 같은 오류는 언제든 되풀이될 수 있다. 반대로 그 역사로부터 배움과 성찰을 얻을 때 비로소 더 나은 미래를 기약할 수 있다. 『병합기념 조선 사진첩』을 다시금 세상에 내놓는 이유는 바로 여기에 있다. 이번 책의 부제로 「일본, 조선병합을 기념하다」를 정한 것은 1910년의 역사적 현장을 다시 마주하는 일이 곧 우리가 나아가야 할 길을 묻는 과정이 될 것이라 생각했기 때문이다.

또한 이번 책에서는 『병합기념 조선 사진첩』 속 장면 가운데 일부를 오늘날의 모습과 함께 담고자 하였다. 사진에 남은 장소를 직접 찾아가 답사하며 현재와 과거를 교차시켜 보여주려 한 것이다. 이는 지금까지 이어온 '답사기' 시리즈의 취지를 잇고자 한 시도이기도 하다.

이 책이 나오기까지 많은 분들의 도움이 있었다. 우선 근대사 연구의 석학으로서 바쁘신 가운데 전체 원고를 꼼꼼히 살펴봐 주신 홍익대 방광석 교수님께 깊은 감사의 말씀을 드린다.

　그리고 일본 현지에서 사진 속 인물들을 찾아준 야토오시 이우코상과 사진 정리 작업에 도움을 준 사촌 동생 이석희군에게도 감사를 표한다. 또한 1권과 2권에 이어 세 번째 책의 출판을 위해 애써주신 시여비 곽유찬 대표님께도 감사를 드린다.

　무엇보다 이 책의 출발점이 된 『병합기념 조선 사진첩』을 내게 건네주시고 오랫동안 이 주제를 세상에 알려 오신 외숙부 이상혁 변호사님(현 사충서원 이사장)께 특별한 감사를 드린다. 외숙부님의 노고와 뜻이 있었기에 이 책이 가능했다는 사실을 다시금 강조하고 싶다. 아울러 하루빨리 쾌유하시기를 진심으로 기원한다.

2025년 8월 22일 오후 4시
충주의 면곡서재(勉谷書齋)에서
저자 홍성화

목차

들어가며_ 적어도 한국인이라면 알아야 할 역사	… 004
001_ 표지	… 016
002_ 속표지	… 017
003_ 표제지	… 018
004_ 기념 휘호1	… 020
005_ 기념 휘호2	… 022
006_ 기념 휘호3	… 024
007_ 서문	… 028
008_ 목차	… 034
009_ 목차	… 035
010_ 일본 황실 인물 소개1	… 036
011_ 일본 황실 인물 소개2	… 038
012_ 대한제국 황실 인물 소개1	… 040
013_ 대한제국 황실 인물 소개2	… 042
014_ 칙유와 유고	… 045
015_ 병합 당시의 일본 내각 대신	… 056
016_ 통감과 부통감	… 064

017_ 대한제국의 내각 대신과 중추원 의장 ··· 066

018_ 병합조약 조인실과 통감부의 수뇌 ··· 076

019_ 야마가타 추밀원 의장과 군사령관 ··· 080

020_ 데라우치 통감의 신임 피로회장 ··· 084

021_ 병합 당시의 주요 관료1 ··· 088

022_ 병합 당시의 주요 관료2 ··· 090

023_ 병합 당시의 주요 관료3 ··· 092

024_ 용산주차육군장교 및 조선주차군사령부 ··· 096

025_ 부통감 일행과 오쿠보 대장 ··· 098

026_ 황태자 한국 방문 기념 ··· 100

027_ 순정효황후와 친잠실 ··· 102

028_ 개성 만월대 행차 ··· 106

029_ 이토 히로부미와 소네 아라스케의 필적 ··· 108

030_ 기념 촬영1 ··· 112

031_ 기념 촬영2 ··· 114

032_ 하나부사 공사 일행 조난 기념 ··· 016

033_ 동학당과 김옥균 ··· 118

034_ 언론 및 조선 관계 인물 ··· 124

035_ 주한 일본공사 ··· 132

035_ 최초의 공사관과 최후의 공사관 ··· 140

036_ 병합 전 일본 주요 관료 ··· 144

037_ 기념 촬영3 ··· 154

038_ 북관대첩비와 조선의 국보 ··· 156

039_ 국새와 필적 ··· 158

040_ 조선의 명사(名士)1 ··· 162

041_ 조선의 명사(名士)2 ··· 172

042_ 주요한 일본의 관민(官民)1 ··· 184

043_ 주요한 일본의 관민(官民)2 ··· 190

044_ 주요한 일본의 관민(官民)3 ··· 196

045_ 신문 통신 기자 및 특파원 ··· 204

046_ 조선의 통화 ··· 206

047_ 조선의 산물 ··· 208

048_ 주요한 관민 기념 필적1 ··· 210

049_ 주요한 관민 기념 필적2 ··· 211

050_ 주요한 관민 기념 필적3 ··· 212

051_ 주요한 관민 기념 필적4 ··· 213

052_ 주요한 관민 기념 필적5 ··· 214

053_ 조선 귀족의 내지 관광단1 ··· 218

054_ 조선 귀족의 내지 관광단2 ··· 220

055_ 경성의 모습 ··· 221

056_ 통감부와 통감관저 ··· 222

057_ 경성1 ··· 228

058_ 경성2 ··· 232

059_ 경성3 ··· 236

060_ 창덕궁 내의 어원(御苑) ··· 238

061_ 창덕궁과 경복궁 ··· 240

062_ 경복궁 ··· 242

063_ 경성의 각국 공사관 ··· 244

064_ 경성의 재판소와 법정 ··· 246

065_ 경성4 ··· 248

066_ 경성5 ··· 256

067_ 인천1 ··· 260

068_ 인천2 ··· 262

069_ 개성 ··· 264

070_ 황해도 ··· 266

071_ 평양1 ··· 267

072_ 평양2 ··· 268

073_ 평양3 ··· 270

074_ 진남포 ··· 272

075_ 신의주 ··· 274

076_ 수원 ··· 276

077_ 부산1 ··· 278

078_ 부산2 ··· 280

079_ 부산3 ··· 281

080_ 마산 ··· 282

081_ 목포와 군산 ··· 284

082_ 경주 ··· 285

083_ 총석정과 석왕사 ··· 286

084_ 원산과 함흥 ··· 287

085_ 함흥 ··· 288

086_ 성진항 ··· 292

087_ 청진, 회령 ··· 293

088_ 명소 ··· 296

089_ 광량만과 주안염전 ··· 298

090_ 일본인 학교 ··· 300

091_ 생활모습1 ··· 301

092_ 생활모습2 ··· 302

093_ 생활모습3 ··· 303

094_ 생활모습4 ··· 304

095_ 생활모습5 ··· 305

096_ 생활모습6 ··· 306

097_ 생활모습7 ··· 307

098_ 생활모습8 ··· 308

099_ 생활모습9 ··· 309

100_ 판권 ··· 310

101_ 1993년 판권 ··· 311

참고문헌 ··· 312

일러두기

1. 원본의 읽기 방향은 좌측에서 우측이다. 이에 따라 해설의 순서도 이미지의 좌측에서 우측이다.

2. 페이지 상단의 번호는 원본의 페이지 순서이다.

3. ●표시의 텍스트는 원본을 번역한 것이다.

4. ○표시의 텍스트는 원본 이해를 돕기 위한 저자의 해설이다.

일본, 조선병합을
기념하다
『병합기념조선사진첩』

001 _표지

 _속표지

003 표제지

併合紀念朝鮮寫眞帖

東京 元元堂書房

京城 新半島社

發行

●

병합기념조선사진첩

도쿄 겐겐도서방(元元堂書房)

경성신반도사 발행

004 _기념 휘호1

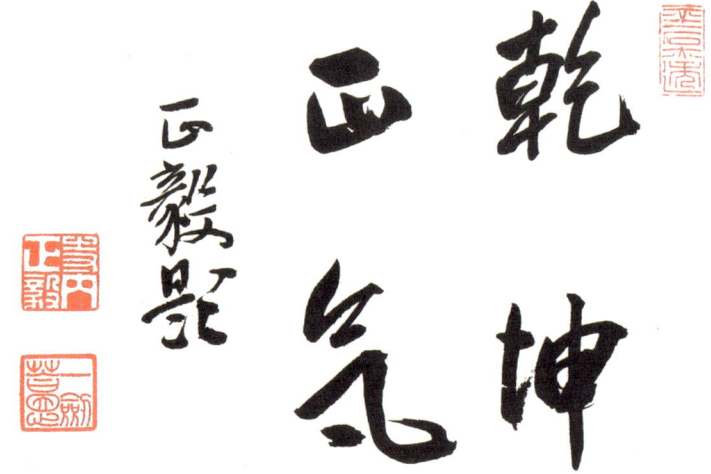

● 乾坤正氣(건곤정기)

노자의 '乾坤正氣 天地皆春(건곤정기 천지개춘, 하늘과 땅의 기운이 바르면 천지가 다 봄이리라)'에서 나온 말이다.

○ 데라우치 마사타케(寺內正毅, 1852~1919)

육군 군인이자 정치인으로 대한제국 침략과 식민통치에 지대한 영향을 미친 인물이다.

죠슈번(長州藩, 현 야마구치현) 사무라이의 아들로 태어나 16세인 1868년 참전하여 막부군을 상대로 싸웠다. 메이지 유신 이후 육군 소위로 임관하여 군인을 길을 걸었고 육군의 요직을 거쳐 1902년 제1차 가쓰라 내각에서 육군대신 겸 교육총감에 임명되었다.

1910년 5월 제3대 한국 통감으로 부임하여 3개월만인 8월 22일 병합 조약을 체결하고 8월 29일 대한제국을 강점하였다. 이후 초대 조선 총독으로 취임하여 군 출신답게 강압적이고 폭력적인 방식으로 조선을 통치하였으며 1916년까지 재임하였다.

1916년 조선 총독을 사임한 후 일본의 내각 총리대신까지 올랐으며 재임 기간 중 강경한 제국주의 정책을 펼쳤다. 공교롭게도 고종 황제와 태어난 연도와 사망한 연도가 일치한다.

005 _기념 휘호2

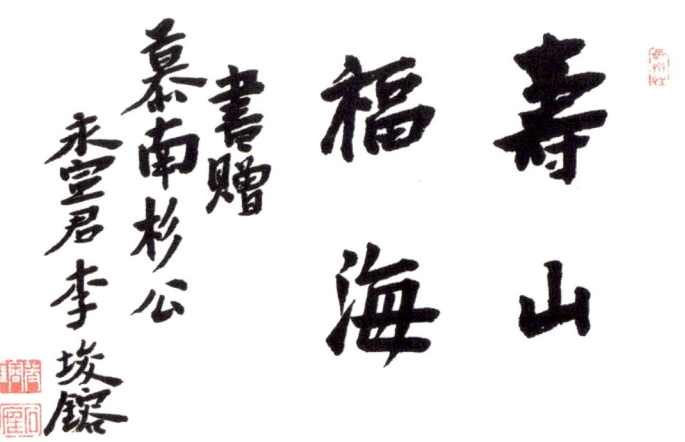

● 壽山福海(수산복해)

'산처럼 오래 살고 바다처럼 큰 복을 누린다'는 뜻이다.

○ 영선군 이준용(永宣君 李埈鎔, 1870~1917)

고종 황제의 형인 이재면의 아들이다. 흥선대원군이 그를 왕으로 추대하려고 한 적도 있었지만 실패하였고 본인도 청일 전쟁 중에 고종을 폐위하고 왕위에 오르려는 야망을 갖고 있기도 했던 인물이다. 만년에 대한제국 말기 친일단체였던 신궁봉경회(神宮奉敬會) 총재를 지내는 등 친일 성향으로 변절하였다.

006 _기념 휘호3

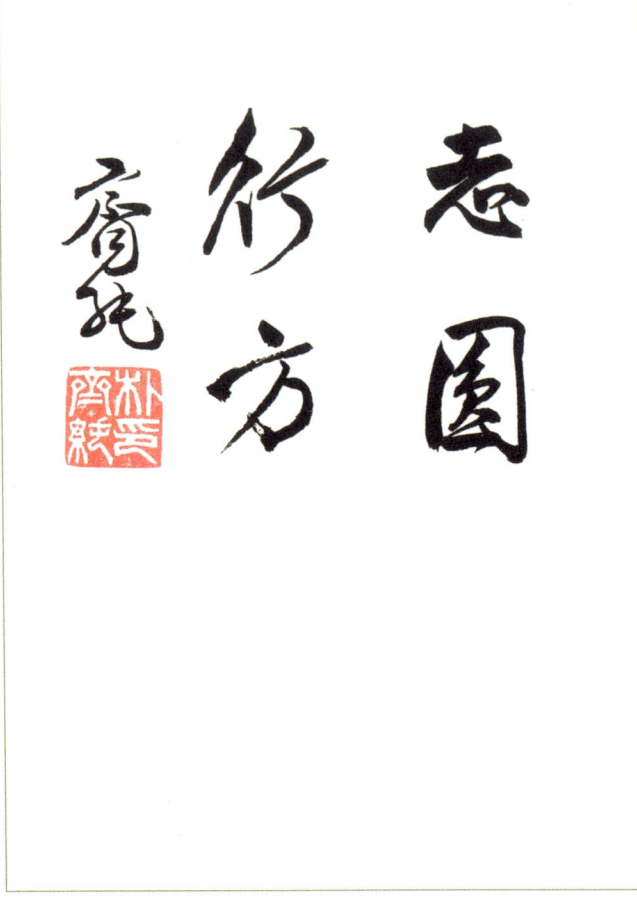

● 志圓行方(지원행방)

'뜻이 원만하고 가는 길이 바르다'는 뜻이다.

○ 박제순(朴齊純, 1858~1916)

대한제국 말기의 문신이자 일제강점기 친일반민족행위자로 평가되는 인물이다.

1883년 과거 급제 후 관직에 나아가 외교 관련 업무를 맡으며 친청(親淸) 개화파로 활동하면서 요직을 두루 거쳤다. 1894년 충청도 관찰사 재직 중 동학농민운동이 발생하자 농민군 진압에 앞장섰던 인물이다. 대한제국에서 내각 총리대신 등을 역임했고 을사늑약 체결 당시 외무대신으로서 체결의 당사자였다. 강제 병합 당시에는 내부대신이었다. 을사늑약에 서명한 을사오적(乙巳五賊) 중 한 사람이며 강제 병합 조약에 서명한 대표적인 친일 매국노이다.

1910년 병합 조약 체결 이후에는 일본 정부로부터 자작(子爵)의 작위를 받았으며 조선총독부의 자문기관인 중추원 고문으로 임명되어 활동했다. 또한 일본 천황에게 사은의 뜻을 표하기 위해 조직된 '조선귀족일본관광단'에 참여하였고 경학원 대제학에 임명되는 등 일제 식민 통치에 적극 협력했다.

006 _기념 휘호3

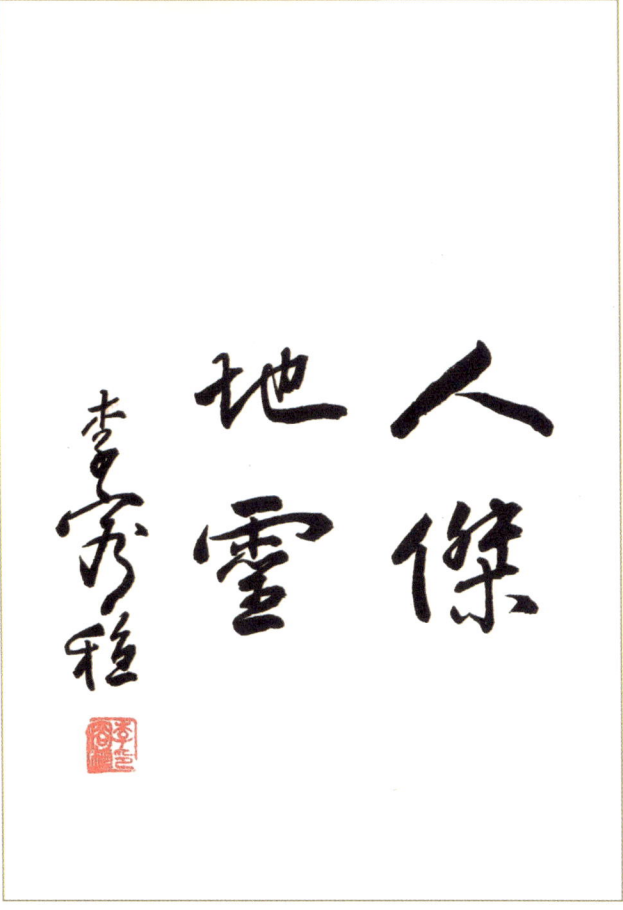

● 人傑地靈(인걸지령)

'뛰어난 인물은 신령한 땅에서 나온다'는 뜻이다.

○ 이용직(李容植, 1854~?)

조선 말기 및 대한제국기 유학자 겸 고위 관료로 학부대신 등을 역임한 인물이다. 일제강점 이후 중추원 고문, 경학원 부제학 등을 역임하고 작위를 받았다.

1919년 3.1운동 이후 김윤식과 함께 일본 정부에 독립청원서를 보냈지만, 이는 당시 지식인들이 처했던 고민과 한계를 보여주는 대목이다.

緒言

朝鮮の併合は東洋平和の基礎を鞏固にし且牛島の幸福を増進する所以にして殊に圓滿に平和に此大事の解決を見しは洵に特筆すべき　聖世の盛事と謂ふべし

吾新牛島社は此盛事を永久に記念せんがために斯帖を刊行せり

帖中牛島に關係深き人物、事蹟、及び十三道の風物を可及的多く且つ廣く彙集し、牛島文物の變遷并に風俗、習慣、名所、古蹟等を一見知悉するに便せんことを努めたり、然れども其成版を急ぎしより時間に限りあり、或る部分の資料に於て多少の遺憾を免れざりしは大方諸賢の特に諒恕せられんことを

明治四十三年十一月三日即ち併合後第一回天長の佳節東京九段中坂の旅舍に於て

　　　　　新牛島社長
　　　　慕南　杉　市郞平　誌

● 서언(緒言)

　조선의 병합은 동양 평화의 기초를 공고히하고 또 반도의 행복을 증진시키는 이유가 되며 특히 원만하고 평화롭게 이 중대한 일이 해결된 것은 참으로 특별히 기록할 만한 것으로, 성세(聖世, 성군이 다스리는 시대)의 성대한 일이라고 할 수 있다.

　우리 신반도사는 이 성사를 영구히 기념하기 위해 이 사진첩을 간행하였다.

　사진첩 중에 반도에 관계가 깊은 인물, 사적 및 13도의 풍물을 가급적 많이 또 넓게 수집해서 반도 문물의 변천과 아울러 풍속, 습관, 명소, 고적 등을 대체로 상세히 파악하고자 노력하였으나 출판을 서두른 탓에 시간 제약으로 부분적으로 혼동된 자료가 있어 다소 아쉬움을 면치 못한 점은 여러분께서 특히 양해해주시기 바란다.

　　　　메이지 43년(1910년) 11월 3일, 한일 병합 후 첫 번째 천장절의
　　　　경사스러운 날에 도쿄 구단(九段)의 나카자카(中坂)에 위치한 여관에서
　　　　　　　　　　　　　　　　　　　　신반도사(新半島社) 사장
　　　　　　　　　　보난(慕南) 스기 이치로베이(杉市郎平) 씀

○ 스기 이치로베이(杉市郎平, 1869~ ?)

오카야마에서 태어나 군인으로 활동하였으며 조선에 정착한 이후 신문사, 잡지사 사장을 지냈던 인물이다.

청일 전쟁에 참전한 이후 헌병분대장으로 대만에 부임하였고 일본으로 귀국한 이후에는 「제국시보」 주간, 「산요(山陽)신문」 객원 등으로 활동하였다. 러일 전쟁 때에는 헌병분대장으로 출정하여 함경도 방면을 담당하였고 인천 헌병 분대장으로 있다가 소집 해제되었다.

이후 조선에 머물면서 일한인쇄주식회사 임원, 조선 일일신문사 사장과 잡지사인 신반도사 사장을 지냈다. 이 시기에 『병합기념 조선사진첩』을 출간하였다. 또한 닛쇼(立正)학원을 설립하여 원장을 지냈으며 1935년 경성부회 의원으로 활동하기도 했다.

『지사 김옥균』, 『대만사정(臺灣事情)』, 『대일본군기의 역사(大日本軍旗の歷史)』, 『장백산에서 본 조선인(長白山より見たる朝鮮人)』, 『병합기념 조선지경무기관』 등을 간행하였다.

○ 「서언」에 보이는 문장은 총독부 발간물의 머리말 등에서 자주 보이는 표현으로 일제 강점이 동양의 평화와 조선인의 행복 증진이라고 포장하면서 군사적 강제성을 감추고 자발적 합의를 가장하려는 수사가 보인다. 일제 강점을 성스러운 일본 제국의 은혜로 포장하여 강제 병합 이후 처음 맞는 일본 천황의 생일날 회합을 통해 식민지 통치를 미화하려는 의도가 담겨 있다.

007 _일러두기

本帖編纂に就て

一 肖像筆蹟其他記念寫眞の排列は專ら便宜を主とせしより時代の新舊或は官位又は人物の位地、地方別等順序不同たるを免れず

一 表紙圖案は斯界の白眉と稱せらるゝ尾竹竹坡畵伯が特に意匠を凝らし揮毫せられしものなり

一 本帖刊行に方り先輩幷に知人各位の多大なる同情に依り資料彙集其他便益せしこと多し茲に其厚情を謝す

● 본 사진첩을 편찬함에 있어서

1. 초상, 필적 기타 기념사진의 배열은 편의를 우선한 결과 시대의 신구 구분이나 관직, 인물의 지위, 지역별 분류 등에 있어서 순서가 뒤섞인 점은 피할 수 없었다.

1. 표지 도안은 이 분야의 백미라 불리는 오타케 지쿠하(尾竹竹坡) 화백이 특별히 디자인을 정교하게 하여 글씨를 쓴 것이다.

1. 본 사진첩 간행에 즈음하여 선배와 지인 여러분의 큰 성원과 배려에 힘입어 자료를 수집하고 기타 여러 방면에서 도움을 받은 일이 많았기에 그 깊은 정에 감사드린다.

008 _목차

目次

- 天皇、皇后兩陛下
- 皇太子同妃兩殿下
- 昌德宮李王同妃兩殿下
- 德惠宮李王同妃兩殿下　李埈公李堈公各殿下
- 朝鮮總督府最初の官報と朝鮮政府最終の官報
- 韓皇の勅諭
- 統監の諭告
- 併合當時の内閣大臣
- 統監と高統監
- 前韓國内閣大臣と中樞院議長
- 併合條約調印室と統監府首腦
- 山縣樞相と軍司令官
- 寺内統監新任披露會場
- 併合當時の重なる官僚（二）
- 朝鮮駐劄軍司令部と龍山師團司令部
- 副統監の一行
- 大久保大將と雨少將
- 皇太子殿下御渡韓記念
- 昌德宮李王殿下と統監府首腦
- 成歡站附近の天長節
- 水原に於ける伊藤公の一行
- 三十七年日韓新協約締結記念
- 三十八年日韓新協約締結記念
- 統監府に於ける普通學校敎監
- 理事廳地方行政官吏
- 小學校長會出席者記念
- 統監府人事謀々員
- 北關大捷碑
- 朝鮮の國寶
- 國寶と筆蹟
- 朝鮮の名士（二）
- 重なる官民（二）
- 新聞通信記者及特派員
- 朝鮮の通信
- 朝鮮の產業
- 重なる宮民記念の筆蹟（二ヽ三ヽ四）
- 朝鮮貴族の觀光團（鮮人）
- 日淸戰役前の京城日本人居留地
- 最近の京城（統監府附近）
- 統監府
- 伊藤公と曾禰子及其筆蹟
- 開城園月臺々行客
- 東學黨と金玉均
- 京城周報に掲載深き人
- 最初の公使館と島德の公使館
- 駐韓分使
- 圍閣及併合前の重なる官憩
- 花房公使初一行造藤記念

- 京城の統監官邸
- 俗禮門（南大門）
- 東大門と裁電所
- 記念門
- 水標橋
- 南山公園と甲午記念碑
- パコタ公園と鑁石塔
- 獨立門
- 洗劍亭
- 大院君の墓陵
- 植物館內の御苑
- 昌德宮內合樂
- 昌德宮苑內亭
- 昌德宮秘苑池
- 景福宮樓閣
- 光化門通り
- 景福宮と勤政殿
- 動物園の鶴と虎
- 植物園の溫室、植物園溫室の内部
- 京城前各國公使館（鶯米、眞米、來來）
- 京城裁判所と新舊法廷
- 漢城師範學校
- 官立工業傳習所
- 韓國銀行
- 龍山瓦斯株式會社
- 龍山印刷局
- 鎭南浦造船所
- 漢江の鑁橋
- 仁川港
- ソリヤーグーコーレツ號
- 茶水師管
- 仁川各國居留地
- 仁川本町通
- 仁川月尾島
- 日本醬油會社
- 開城南大門
- 開城萬竹塔（食物の塔）
- 人參畑
- 鎭津（二）
- 黑橋鰲と新舊驛
- 平壤牡丹臺
- 平壤江畔
- 大同門
- 七星門
- 冬の大同江
- 玄武門
- 平壤の市街

009 _목차

箕子陵
平壤水道
平壤の田舍
鎭南浦市街（二つ）
鎭南浦築港
晴綠江の結氷
義州より九連城を望む
新義州の渡江場
新義州若松
水原の郵街
華虹門
訪花隨柳亭
德川時代の和部浦
釜山市街
釜山停車場と棧橋
釜山の全景
釜山と牧の島
釜山港の南濱
釜山草梁間の埋築地
釜山水道の水源池
釜山水道の貯水池
釜山市街（二つ）
馬山浦
馬山灣內
馬山理事廳
郡山港
木浦港
慶州佛國寺
佛國寺の內殿
武烈王の陵
慶州瞻星臺
江原道蔚石島
江原道釋王寺（二つ）
元山港
咸興定和陵
成興定和陵
成興萬歲橋
成興城內孔子廟
本宮正殿と李成桂手植の松
西湖津
城津港（二つ西）
淸津港
會寧の遠望
會寧八義塚
富寧停車場
鏡城
江春島邑內
恩津の彌勒
北漢山上の巨巖
廣州晉南門
廣梁灣（二つ）
朱安鹽田（二つ）

在留日本人の學校（二十三西）
婦女の外出
乘馬
轎基
射弓の戲
女子の游戲
兒童の石蹴負
誕生日の祝儀
雨麓
田舍の家庭
新郎新婦
田野の農夫
書房（今小屋）
祭典の綠舞踏
路傍の繞跣
賠貢兒
松葉賣
妓生の彈琴
米姜
水汲
籠貨店
酒幕（飲酒屋）
路傍の辻店
婦人の裁縫
米搗
樓下の喫飯
水上の釣魚
薪賣
欽食店
土掘
帽子店
騎馬
水守
子守
僧侶の讀經
岩石の彫刻（不老嶺の一種）
渡船場
惡魔佛の標木

目次終

010 _일본 황실 인물 소개1

쇼켄(昭憲) 황후

메이지(明治) 천황

○ 메이지(明治) 천황(1852~1912)

일본의 122대 천황으로 1867년에 즉위했다. 메이지 시대에는 군사력 강화와 외교적 패권 추구를 통해 청일, 러일 전쟁 등 침략을 단행하였으며 대한제국을 강제로 병합하였다.

○ 쇼켄(昭憲) 황후(1849~1914)

메이지 천황의 황후로 이름은 이치조 마사코(一条勝子)이다. 메이지 사망에 따라 황태후가 되었고 메이지의 후궁인 야나기와라 나루코(柳原愛子)가 낳은 요시히토(嘉仁, 후에 다이쇼 천황)를 양자로 삼았다.

○ 맨 처음 등장하는 인물은 메이지 천황인 무쓰히토(睦仁)와 황후인 마사코(勝子)인데, 사진 이미지만 수록되어 있다.

011 _일본 황실 인물 소개2

황태자비 구죠 사다코   황태자 요시히토

셋째 황손 데루노미야   첫째 황손 미치노미야   둘째 황손 아쓰노미야

○ 황태자(1879~1926)

이름은 요시히토(嘉仁)로 출생 시부터 병약하여 여러 차례 중병을 앓았으며 1912년 메이지 천황이 사망하자 123대 다이쇼 천황(大正天皇)이 되었다. 정신적 문제와 신경계 질환 등 건강이 좋지 않아 1921년부터는 대부분의 통치 업무를 황태자(후에 쇼와 천황)에게 맡겼다.

○ 황태자비(1884~1951)

본래 이름은 구죠 사다코(九条節子)로서 후에 데이메이 황후(貞明皇后)가 된다.

○ 첫째 황손 미치노미야(迪宮, 1901~1989)

본명은 히로히토(裕仁). 다이쇼의 건강 악화로 1921년부터 1926년까지 섭정을 하였고 1926년 다이쇼의 사망에 따라 124대 쇼와 천황(昭和天皇)이 되었다.

○ 둘째 황손 아쓰노미야(淳宮, 1902~1953)

치치부노미야 야스히토 친왕(秩父宮雍仁親王)으로 일본 육군 장교로 활동했다.

○ 셋째 황손 데루노미야(光宮, 1905~1987)

다카마쓰노미야 노부히토 친왕(高松宮宣仁親王)으로 일본 해군 장교로 활동했다.

012 _대한제국 황실 인물 소개1

순정효황후

순종 황제

○ 순종 황제(純宗 皇帝, 1874~1926)

고종 황제의 장남으로 어머니는 명성황후였다. 대한제국 제2대 황제로 마지막 황제였으며 재위 시의 연호를 따서 융희황제라고도 부른다. 일제 강점 후에는 창덕궁 이왕으로 격하되었다.

○ 순정효황후(純貞孝皇后, 1894~1966)

순종 황제의 첫 번째 아내였던 황태자비 민씨가 1904년에 세상을 떠나자 1907년 황태자비가 되었으며 순종 황제가 양위하자 황후가 되었다. 윤택영의 딸이다. 친일 내각에서 병합조약에 어새(御璽)를 찍으라고 강요하자 병풍 뒤에서 회의를 엿듣던 순정효황후가 옥새를 가져다가 치맛자락 속에 감추었다는 일화가 전해지기도 한다. 일제 강점 이후 이왕비로 격하되었다.

013 _대한제국 황실 인물 소개2

○ 고종 황제(高宗 皇帝, 1852~1919)

조선 26대 국왕으로 1863년 철종 사후 익종(효명세자)의 양자로 입적되어 즉위하였다. 1873년 흥선대원군을 실각시키고 친정을 실시하였으며 재위 기간 동안 근대화의 시도와 외세의 압박 속에서 국권 수호라고 하는 시대적 과제를 안고 있었다. 1897년 대한제국 초대 황제가 되었지만, 1905년 헤이그 특사 파견으로 일제에 의해 강제 퇴위당하였다. 일제 강점 이후 덕수궁 이태왕(李太王)으로 격하되었다.

○ 순헌황귀비 엄씨(純獻皇貴妃 嚴氏, 1854~1911)

고종 황제의 후궁으로 대한제국 마지막 황태자인 영친왕의 어머니이다. 고종 황제는 황후로 책봉하려 했으며 반대 의견이 많아 무산되었지만, 명성황후 사후 사실상 고종 황제의 황후나 다름 없었다. 교육에 많은 관심을 갖고 양정의숙, 진명여학교, 숙명여학교의 설립에 관여했다.

○ 황태자 은(皇太子 垠, 1897~1970)

대한제국의 마지막 황태자로 고종 황제의 7남이며 순헌황귀비 엄씨의 장남이다. 통상 영친왕(英親王)으로 부른다. 순종 황제의 바로 아래 동생으로 의친왕이 있었지만, 나이 어린 영친왕을 후계자로 세우고자 했던 일본 측과 친모인 순헌황귀비의 이해가 맞아 떨어져 황실 적통이 되었다는 설이 있다. 고종 황제의 퇴위 이후 일본에서 교육을 받았으며 일본에 의해 황족 출신인 이방자(李方子) 여사와 정략 결혼하게 된다.

○ 의친왕 강(義親王 堈, 1877~1955)

고종 황제의 두 번째 아들로 후궁 귀인 장씨(貴人 張氏)의 소생이다. 1891년 의화군(義和君)으로 책봉되었으며 대한제국 시기인 1900년 의친왕에 봉해졌다. 미국 유학 중 재일 유학생 일부가 고종 황제의 양위와 의친왕을 추대하려는 쿠데타가 발생하기도 했는데, 의친왕과는 직접적인 관련이 없는 사건이었다. 귀국 후에는 대한제국 육군부장으로 임관하고 적십자사총재가 되었다. 일제 강점기에도 3.1 운동 준비와 관련하여 손병희와 비밀리에 회합하였고 상하이 임시정부에 망명을 시도하는 등 비밀 독립운동을 한 것으로 알려져 있다.

○ 흥친왕 희(興親王 熹, 1845~1912)

고종 황제의 친형으로 흥선대원군의 적장자이다. 처음 이름은 재록이었는데, 1858년 재면으로 이름을 개명했다. 한때 흥선대원군은 이재면을 왕으로 앉히고 섭정을 하려는 쿠데타를 기도하기도 했지만 실패하였다. 대한제국 성립 후 완흥군(完興君)에 책봉되었다가 1910년 흥친왕(興親王)에 봉해졌는데, 병합 조약 체결을 앞두고 일제가 조약에 찬성하는 황족 대표로 참여시키기 위해 준 것으로 짐작된다. 실제 마지막 어전회의에 황족 대표로 참여하여 조약 체결을 승인했으며 이틀 후에 희(熹)로 개명했다.

014 _관보

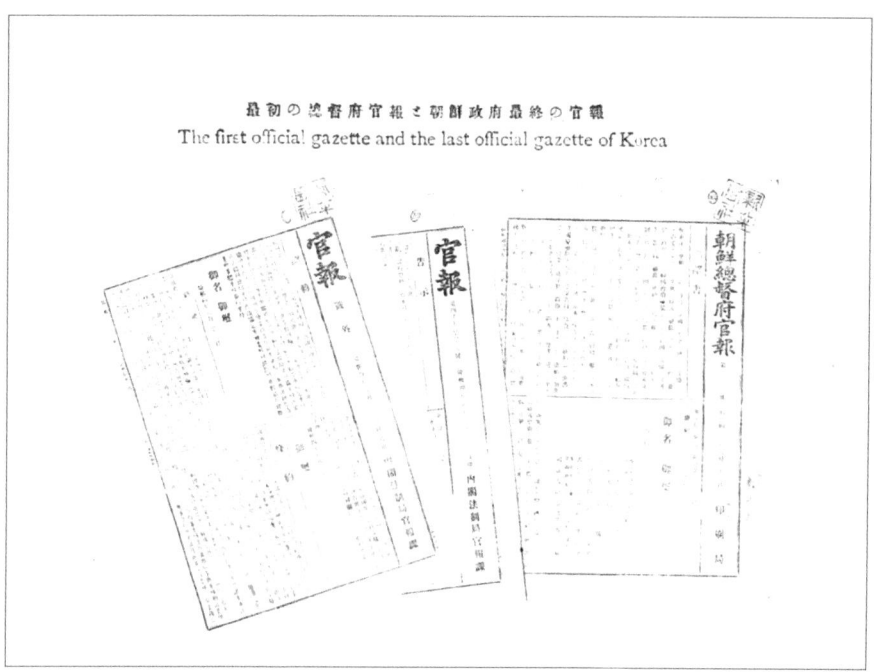

최초의 총독부 관보와 조선정부 최후의 관보

014 _칙유(勅諭)

併合當日韓皇の勅諭

勅諭

皇帝若曰朕이否德으로艱大한業을承하야臨御以後今日에至하도록維新政令에關하야亟圖備試하야用力이未嘗不至로되由來로積弱이成痼하고疲弊가到極에至하야時日間에挽回할施措無望하니中夜憂慮에善後할策이茫然한지라此를任하야支離益甚하면終局에收拾을不得하기에自致할진즉차라리大任을人에托하야完全한方法과革新한功效를奏케함만不如한故로朕이於是에瞿然히內省하고廓然히自斷하야玆에韓國의統治權을從前으로親信依仰하든鄰國大日本皇帝陛下께讓與하야外으로東洋의平和를鞏固케하고內으로八域의民生을保全케하노니惟爾大小臣民은國勢와時宜를深察하야煩擾치말고各安其業하야日本帝國文明新政에服從하야幸福을共受하라朕의今日此擧는爾有衆을忘함이아니라爾有衆을救活하자하는至意에亶出함이니爾臣民等은朕의此意를克軆하라

隆熙四年八月二十九日 御璽

● 병합당일 대한제국 황제의 칙유(勅諭)

황제는 다음과 같이 말한다. "짐(朕)이 부덕(否德)으로 간대(艱大, 매우 힘들고 어려움)한 업을 이어받아 임어(臨御, 황제에 오름)한 이후 오늘에 이르도록 정령을 유신(維新, 혁신)하는 것에 관하여 누차 도모하고 갖추어 시험하여 힘씀이 이르지 않은 것이 아니로되, 원래 허약한 것이 쌓여서 고질이 되고 피폐가 극도에 이르러 시일 간에 만회할 시책을 행할 가망이 없으니 한밤중에 우려함에 선후책(善後策, 뒷갈망을 잘하려는 계책)이 망연하다. 이를 맡아서 지리(支離)함이 더욱 심해지면 끝내는 저절로 수습할 수 없는 데 이를 것이니 차라리 대임(大任, 중대한 임무)을 남에게 맡겨서 완전하게 할 방법과 혁신할 공효(功效, 공들인 보람)를 얻게 함만 못하다. 그러므로 짐이 이에 결연히 내성(內省, 반성)하고 확연히 스스로 결단을 내려 이에 한국의 통치권을 종전부터 친근하게 믿고 의지하던 이웃 나라 대일본 황제 폐하에게 양여하여 밖으로 동양의 평화를 공고히 하고 안으로 팔역(八域, 조선팔도)의 민생을 보전하게 하니 그대들 대소 신민들은 국세(國勢)와 시의(時宜)를 깊이 살펴서 번거롭게 소란을 일으키지 말고 각각 그 직업에 안주하여 일본 제국의 문명한 새 정치에 복종하여 행복을 함께 받으라.

짐의 오늘, 이 조치는 그대들 민중을 잊음이 아니라 참으로 그대들 민중을 구원하려고 하는 지극한 뜻에서 나온 것이니 그대들 신민들은 짐의 이 뜻을 능히 헤아리라."

융희(隆熙) 4년(1910년) 8월 29일

○ 칙유

1895년 이후 고종, 순종 황제의 칙유(勅諭)는 기본적으로 '어새(御璽), 부서(副署)'의 형식을 갖추고 있었다. 또한 1907년 11월 18일 일본이 일본식 공문서식을 강요한 이래 작성되었던 순종 황제의 칙유는 '어명(御名), 어새, 부서'의 형식으로 나타난다.

하지만 병합칙유의 경우는 '어새'만 찍힌 것으로 그동안의 공문 서식과도 같지 않은 형식이다. 이는 8월 22일 대한제국과 일본에서 동시에 공포하기로 했던 각서에 따라 일본에서 공포된 '어명, 어새, 부서'의 형식과도 다르다.

병합칙유는 본래 대한제국과 일본에서 조칙(詔勅)으로 하기로 되어 있던 것이 8월 29일 공포 직전에 칙유로 바뀐 정체불명의 문서이다. 칙유라는 것은 백성이나 군인 등에게 훈시나 격려, 당부하는 문서를 말하는 것으로 이는 국가적인 중요한 사안에 대해 명령, 지시를 내리는 공식문서인 조칙과는 다른 것이다.

이를 통해 8월 27일 데라우치 통감은 순종 황제의 재가를 전제로 '어명, 어새, 부서'가 있는 정상적인 조칙을 준비하였지만 순종 황제의 거부로 인해 재가를 받지 못하게 되자 결국 8월 29일 급히 자신들이 소유한 어새를 찍어 조칙 대신 칙유를 공포했던 것으로 판단된다.

따라서 병합 칙유는 순종 황제의 반대 속에 일본이 날조한 것으로 판단되며 결과적으로 관습국제법에서 조약을 무효로 규정한 '국가 대표에 대한 강박'에 해당된다.

014 _유고(諭告)

● 병합발표 당일 통감의 유고(諭告)

　예성 문무 천황 폐하(叡聖文武天皇陛下)의 대명(大命)을 받들어 본관(本官)이 이번에 조선 통할의 임무를 맡게 되어 정무(政務)를 시행하는 강령을 제시하여 조선의 상하 민중에게 유고한다.

　무릇 영토가 서로 접하고 기쁨과 근심에 서로 의지하며 민정(民情) 또한 형제의 우의가 있어 서로 화합하여 하나가 되는 것은 자연의 이치이며 반드시 이루어질 형세이다. 이로 인해 대일본국 천황 폐하께서는 조선의 안녕을 확실히 보장하고 동양의 평화를 영원히 유지하는 것을 간절하게 생각하여 전(前) 한국 원수(元首)가 희망한 대로 그 통치권의 양여를 수락하는 바이다. 이제부터 전 한국의 황제 폐하는 창덕궁 이왕 전하(李王殿下)라 칭하며, 황태자(皇太子)는 왕세자(王世子)가 되고 후손이 길이 이어져 만세 무궁토록 왕위가 계승될 것이다. 태황제 폐하(太皇帝陛下)는 덕수궁(德壽宮) 이태왕 전하(李太王殿下)라 칭하여 그에게 황족의 예우를 베풀고 그 직위와 봉록은 황위에 있을 때와 차이가 없을 것이다. 조선 민중은 모두 제국(帝國)의 신민이 되어 천황 폐하가 어루만져 기르는 교화를 입고 영원히 그 은혜와 도덕적 혜택을 누리게 될 것이다. 매우 충성스럽게 새 정치를 보좌한 현량(賢良, 어질고 착한 사람)은 그 공로에 준하여 영예로운 작위를 수여받고, 은금(恩金, 국가나 사회에 특별한 공로가 있는 사람에게 주는 돈)을 하사받게 될 것이며 또 그들의 능력에 따라 제국의 관리나 혹은 중추원 의관(中樞院議官, 현재 국회의원과 비슷)의 반열에 세우고 혹은 중앙 또는 지방 관청의 직원에 등용케 될 것이다.

또 양반 유생 중에 기로(耆老, 연로하고 덕이 높은 사람)로서 능히 백성의 본보기가 되는 자에게는 노인을 공경하는 은전을 베풀고 효자와 절개 있는 부인 중에 향당(鄕黨, 자기가 태어났거나 사는 시골 마을)의 모범이 되는 자에게는 포상(襃賞)을 내려 그 덕행을 표창하게 하였다. 지난번 지방 관직에 있으면서 국가 세금을 체납한 행위가 있는 자는 그 책임을 면제하고 미납 세금을 면제하는 특별조치를 취하였다. 또 종전의 법률을 위반한 자로서 그 범죄 성질이 특히 가벼운 자에 대하여는 일률적으로 대사면(大赦免)의 특전을 베풀었다.

예컨대 현재 지방 민중은 적폐(積幣)의 여파로 고통을 받고 있으며 실직하고 재산을 잃기도 하고 심지어 더 심한 경우에 있어서는 유랑하며 굶주림에 시달리는 자도 있으니 백성의 기력을 회복시키는 일을 급선무로 인정하여 융희(隆熙, 순종황제의 연호) 2년에도 이전에 미납된 지세(地稅)는 면제하고, 융희 3년 이전에 대여된 사창곡(社倉穀, 조선시대에 국가 또는 지방관에 의해 설치된 창고의 곡물)은 그 상환을 특별히 면제케 한다. 또 올 가을에 징수할 지세(地稅)는 특별히 그 5분의 1을 감면하며 국가 재정 약 1,700만 원(圓)을 마련하여 전국 13도(道) 320여 부(府)와 군(郡)에 분배케 하여 백성들의 생업, 교육의 지원과 아울러 흉년에 대한 구호에 쓰이도록 한다. 이는 모두 나라가 새로워지고 다시 시작하는 시점에서 은혜로 위무하고 사랑으로 부양하는 성스러운 뜻을 널리 밝히기 위한 조치이다. 그러나 국가 정책의 이익과 은택을 받은 자는 그 분수에 상응하여 국가 재정을 부담하는 것이 천하의 공통된 원칙이며, 동서고금 모든 나라가 다 그러하다. 그러므로 기필코 구휼의 본래 뜻을 잘 이해하여 혹 은혜를 아무렇지 않게 여기거나 공적인 책임을 잊어버리는 일이 없도록 해야 할 것이다.

무릇 정치의 요체는 생명과 재산의 안전을 도모함보다 급선무가 없다. 대개 생산을 늘리고 산업을 일으키는 법과 방법은 이번에 진작시켜야 한다. 종래에 불순한 무리와 무리들이 전국 각지에 출몰하여 혹 사람을 죽이고 혹 재산을 약탈하며 혹 나라를 어지럽힐 계책을 기도하고 혹 소요를 일으키는 자가 있으니, 이에 따라 제국 군대는 각도(各道)의 요충지에 주둔하여 유사시의 변란에 대비하고, 헌병과 경관은 서울과 지방을 막론하고 오로지 치안에 종사하며, 또 각 지역에는 법원을 설치하여 공평무사한 심판을 내려 사악한 자들을 벌하고 잘못된 행동을 제거하는 데 힘쓸 것이며, 결국 국내 전반의 안녕과 질서를 유지하고 백성 각자가 제자리에서 생업에 종사하고 재산을 관리하도록 하려는 것 외에 다른 목적은 없다.

지금 조선의 지세(地勢)를 전체적으로 살펴보면, 남쪽 지역은 비옥하여 농사와 양잠에 적합하며 북쪽 지역은 대체로 광물이 풍부하고, 내륙의 하천과 바깥 바다에는 물고기와 해산물이 많아 이익과 혜택을 남기는 수확물이 적지 않으니, 그 개발 방법이 적절하기만 하면 산업의 진흥을 기대할 수 있을 것이다. 그런데 산업이 발전하려면 무엇보다도 운송 수단의 완비를 기다려야 하니, 이는 기업을 일으키는 데 기초가 된다. 이번에 13도 각지에 도로를 개설하고 철도를 경성(京城) 원산(元山) 및 삼남(三南) 지방에 신설하여 점차 전국으로 확대하여 장래에 큰 성공을 기하고 토목 공사에 많은 백성들을 고용하게 되면 그들이 생계를 유지하는 데 큰 도움이 될 것임은 틀림없다. 조선 고래(古來, 예로부터 지금까지)의 폐단은 좋고 싫음이 갈라져 충돌하고 이익만을 위해 서로 다투는 데 있으니, 이 때문에 한 당파가 권력을 잡으면 다른 당파를 해치려 하고, 한 쪽이 세력을 얻으면 곧 다른 쪽을 무너뜨리려 하는 식으로 서로 밀치고 배척하기를 끝도 없이 반복하다가 결국 집안을 망치고 패가망신하는 경우도 적지 않았다. 이는 조금의 이익도 없이 해악만 있는 일이니 앞으로는 당파를 만들어 결사하거나 경솔하게 행동하는 일이 없도록 해야 한다. 다만 정령(政令, 정부의 법령)이 아래까지 제대로 미치지 못하고 백성의 뜻이 위로 제대로 전달되지 않아 윗사람은 억압하고 아랫사람은 원망하는 폐단이 생기는 경우는 예로부터 지금까지 드문 일이 아니니, 이 때문에 중추원(中樞院)의 규모를 확장하고 노련하고 현명한 인재를 널리 모아 의관(議官)으로 세워 중요한 정무에 대해 자문하도록 해야 할 것이다. 또 각 도와 각 부, 각 군에는 참여관(參與官) 또는 참사(參事)의 직을 설치하여 유능하고 뛰어난 인재를 등용하여 여기에 충원하고 그들의 의견과 계책을 들음으로써 정령과 민심이 충돌하지 않도록 해야 한다.

  무릇 사람이 살아가며 겪는 고통 중에 질병의 혹독함보다 더한 것이 없는데 지금까지 조선의 의술(醫術)은 아직 미숙한 수준을 벗어나지 못하여 백성들의 병고를 제대로 치료하지 못하고 타고난 수명만을 유지하는 현실은 매우 안타까운 일이다. 지난번 경성(京城)에 중앙의원(中央醫院)을 설치하고 또 전주, 청주 및 함흥에 자혜 의원(慈惠醫院)을 세운 이후로 많은 백성들이 그 혜택을 입었으나, 아직 전국에 보급되지 못한 것이 유감이므로 명령을 내려 다시 각 도에 자혜 의원을 증설케 하며 명의(名醫)를 두고 양약(良藥)을 구비하여 죽을 병도 살릴 수 있는 인술(仁術)을 널리 베풀게 하려 한다.

돌아보건대, 인문(人文)의 발달은 반드시 후진 교육에 달려 있다. 교육의 요체는 지혜를 기르고 덕을 닦아 수신제가(修身齊家)에 바탕을 두는 것이지만, 요즘 학생들 중에는 노력하는 것을 싫어하고 편한 것만 찾으며 헛된 이론만 이야기하다가 방만(放漫)에만 흘러 결국 무위도식(無爲徒食)하는 자가 왕왕 있으니, 앞으로는 마땅히 그 폐단을 바로잡아 겉치레를 버리고 실질을 추구하며 게으름과 타락한 습관을 깨끗이 씻어내고 근면하고 검소한 아름다운 풍속에 힘써야 할 것이다.

신앙과 종교의 자유는 문명국가들이 모두 인정하는 바이다. 각자가 자신이 믿는 종교 교리를 따라 마음의 평안과 삶의 의지를 구하는 것은 지극히 자연스러운 일이나 종파가 다르다는 이유로 다툼을 일으키거나 또 신앙 종교의 이름을 빌려 정치 문제에 개입하거나 모반을 기도하려한다면 이는 곧 건전한 사회 풍속을 해치고 공공의 안녕을 방해하는 자로 간주하여 마땅히 법에 따라 처단하지 아니할 수 없다. 그러나 유교, 불교, 기독교 등 종교를 막론하고 그 근본 취지는 사람의 마음과 세상을 바르게 만드는 데에 있으므로 진실로 정책의 목적과 결코 모순되는 것이 아닐 뿐 아니라 오히려 이를 보완하는데 도움이 될 것이니, 이에 모든 종교를 대함에 있어 가까이 하거나 멀게 여기는 마음을 두지 않으며 포교와 전도 활동에 대해서도 적절한 보호와 편의를 아끼지 않을 것이다.

본관이 이번에 천황 폐하의 성스러운 뜻을 받들어 이 땅에 부임한 것은 한결같이 이 지역 백성들의 평안과 행복을 증진시키고자 하려는 것 외에 다른 마음은 없다. 이에 자세히 설명하는 이유도 백성들이 잘 따르도록 하기 위한 것으로 제멋대로 망상을 부리고 정치 방침을 방해하는 자가 있다면 결단코 용서하지 않을 것이다. 충성스러운 몸가짐으로 법을 잘 지키는 선량한 백성과 신민은 반드시 황화(皇化, 천황의 덕)의 혜택을 입게 될 것이며 그 자손들 또한 영구히 은혜를 입을 것이니, 여러분은 반드시 새로운 정치의 대계획을 받들어 결코 어긋나는 일이 없도록 하여야 한다.

메이지(明治) 43년(1910년) 8월 29일
통감 자작 데라우치 마사타케(寺內正毅)

015 _병합 당시의 일본 내각대신

가쓰라 다로

고무라 주타로

○ 내각 총리대신 후작 가쓰라 다로(桂太郎, 1848~1913)

군인 겸 정치인으로 총리를 지낸 인물이다. 가쓰라-태프트 밀약의 주인공으로 1차 내각 총리 시에 미국의 육군 장관 태프트(William Howard Taft)와 협상을 통해 가쓰라-태프트 밀약을 체결했다. 이 밀약에서 일본은 미국의 필리핀 지배를 인정하고 미국은 일본의 대한제국 지배권을 인정했다. 이후 1905년의 을사늑약으로 대한제국의 외교권이 박탈되었다.

1908년 다시 총리가 되어 제2차 내각을 통해 대한제국의 국권을 침탈했으며 조선총독부를 설치하였다. 1912년 3번째 총리가 되지만, 2개월만에 사임한다. 총리 재임 일수는 2,886일로 현재까지 아베 신조 3,188일에 이어 역대 2번째가 된다. 일제의 침략과 식민 지배를 이끈 상징적 인물로 평가된다.

○ 외무대신 백작 고무라 주타로(小村壽太郎, 1855~1911)

외교관이자 정치가로 대한제국 침략에 핵심적인 역할을 수행했던 인물이다. 1895년 명성황후 시해 사건 이후 조선에 변리공사(弁理公使)로 임명되어 진실을 왜곡하고 일본의 입장을 관철하는 데 앞장섰다.

제1차 가쓰라 내각에서 외무대신으로 러일 전쟁의 개전을 주도하였고, 전쟁 이후 포츠머스 조약을 통해 러시아로부터 대한제국에 대한 일본의 우월한 권리를 공식적으로 인정받았다. 이 과정에서 미국과 가쓰라-태프트 밀약을 통해 대한제국에 대한 일본의 지배권을 국제적으로 승인받는 데 기여했다. 1905년 을사늑약을 강제하는

015 _병합 당시의 일본 내각대신

해군대신 남작 사이토 마코토

● 데라우치 육군대신은 통감의 직에 있었고 대장(大藏)대신은 가쓰라가 겸임, 농상 무대신은 고마쓰바라가 겸임했다.

데 깊숙이 관여했으며, 1908년에는 제2차 가쓰라 내각에서 외무대신이 되어 대한제국 강제 병합에 주도적인 역할을 했다.

○ 해군대신 남작 사이토 마코토(齋藤實, 1859~1936)

군인, 정치가로서 일제 강점기 조선 총독을 2차례 지낸 인물이다.

해군 출신으로 해군대신을 역임했으며 러일 전쟁의 승리에 기여하여 남작의 작위를 받았다.

1919년 3.1운동 이후 일본은 기존의 무단통치로는 조선을 통치하기 어렵다고 판단하고 소위 문화통치를 표방하면서 사이토 마코토를 제3대 조선 총독으로 파견했다. 이에 사이토는 겉으로 유화적인 정책을 내세웠지만, 실제로는 교묘하게 식민 통치를 강화하면서 기만적인 식민 정책을 폈다. 부임 당시 남대문역에서 강우규 의사의 폭탄 의거가 있었다.

1927년부터 잠시 총독직에서 물러났다가 1929년 8월에 제5대 조선 총독으로 재임했다. 이 시기에는 경제 대공황의 영향으로 일본의 식민 통치 정책이 더욱 강화되는 양상을 보였다. 만주사변 이후 혼란스러운 일본 정국에서 1932년 과도 내각의 총리대신을 지냈다.

1936년 일본 군국주의가 득세하고 파시즘적 경향이 강화되던 시기에 일본 군부 내 급진파 청년 장교들이 일으킨 2.26 사건으로 암살당했다.

015 _병합 당시의 일본 내각대신

내무대신 남작 히라타 도스케

체신대신 남작 고토 신페이

○ 내무대신 남작 히라타 도스케(平田東助, 1849~1925)

정치인이자 관료로서 제1차 가쓰라 내각에서 농상무대신, 제2차 가쓰라 내각에서는 내무대신을 역임했다. 이 시기 신사(神社) 통폐합 정책을 추진한 것으로 알려져 있다.

말년에는 천황을 보좌하고 중요한 국가 사무를 관장하는 내대신(內大臣)을 지냈다. 농상무대신, 내무대신 등 일본의 주요 내각에서 활동하면서 일본의 대한제국 침략 정책 및 식민 통치 기반 마련에 간접적으로 기여했다.

○ 체신대신 남작 고토 신페이(後藤新平, 1857~1929)

관료이자 정치인으로, 특히 식민지 경영에 있어서 생물학적 원칙을 내세워 식민 통치 시스템을 구축하려 했던 인물이다. 의사로서 내무성 위생국장을 지냈으며 1898년 고다마 겐타로(兒玉源太郞) 대만 총독 아래 민정국장으로 취임하여 실질적인 책임자로서 활동했다.

1906년 남만주철도주식회사의 초대 총재로 취임하여 만주 지배를 위한 광범위한 사업을 주도하면서 만선일체(滿鮮一體)론 등 식민사관 형성에 큰 영향을 미쳤다.

제2차, 제3차 가쓰라 내각에서 체신대신, 철도원 총재를 지냈고 데라우치 내각에서는 내무대신, 외무대신 등을 역임했다. 1920년 도쿄 시장이 되었으며 제2차 야마모토(山本) 내각에서 내무대신 겸 제도부흥원(帝都復興院) 총재로서 간토 대지진 이후의 도쿄 부흥 계획을 입안했다.

015 _병합 당시의 일본 내각대신

문부대신 고마쓰바라 에이타로

사법대신 자작 오카베 나가모토

○ 문부대신 고마쓰바라 에이타로(小松原英太郎, 1852~1919)

신문 기자 출신으로 관료이자 정치인이었다.

군마현, 시즈오카현, 가나가와현 지사 등 지방 행정의 최고 책임자를 거친 이후 1908년 제2차 가쓰라 내각에서 문부대신 겸 농상무대신을 역임했다. 이후 1916년부터 추밀고문관에 임명되어 천황의 자문 역할을 수행했다.

○ 사법대신 자작 오카베 나가모토(岡部長職, 1855~1925)

정치가이자 외교관으로 이즈미(和泉) 기시와다번(岸和田藩)의 마지막 번주였다. 1908년 제2차 가쓰라 내각에서 사법대신을 지냈으며, 1911년에는 사상 통제 강화를 통해 반대 세력을 억압했던 소위 대역사건(大逆事件) 처리에도 관여했다.

1916년 추밀고문관에 임명되었고 철도회의 의원, 남만주철도주식회사 설립 위원, 법률조사위원회 회장 등 다양한 요직을 거쳤다. 말년에는 다이쇼 천황의 측근으로 궁내성에서 활동했다.

016 _통감과 부통감

부통감 야마가타 이사부로

통감 자작 데라우치 마사타케

● 통감 자작 데라우치 마사타케(寺內正毅)

○ 부통감 야마가타 이사부로(山縣伊三郎, 1858~1927)

관료이자 정치인이며 초대 조선총독부 정무총감으로 식민통치 시스템을 구축하는 데 핵심적인 역할을 한 인물이다.

메이지 유신의 공신이며 일본 육군의 창시자였던 야마가타 아리토모(山縣有朋)의 양자로서 독일 유학 후 도쿠시마현 지사, 미에현 지사, 내무성 지방국장, 내무차관 등을 역임했다.

1906년 제1차 사이온지 긴모치(西園寺公望) 내각에서 체신대신을 역임했으며 이 시기 철도 건설에 관여하여 관광열차 '이사부로호'가 그의 이름에서 유래했을 정도로 철도 사업에 영향력을 행사했다.

1910년에 한국 부통감이 되었으며 강점 이후에는 조선총독부 정무총감, 중추원 의장을 지냈다. 데라우치의 오른팔로서 무단통치 체제를 구축하여 초기 식민지 수탈을 주도했던 핵심적인 인물이다.

017 _대한제국의 내각 대신과 중추원 의장

내각총리대신 이완용

○ 내각 총리대신 이완용(李完用, 1858~1926)

대한제국 말기의 문신이자 대표적인 친일반민족행위자로 평가되는 인물이다.

초기 개화파 관료로서 미국 등 서구 열강과의 외교에 능통했으며 잠시 독립신문을 발간하고 독립협회에서 활동한 적이 있으나 러일전쟁 후에는 친일파로 변신했다.

을사늑약 체결 당시 학부대신으로서 대한제국의 외교권을 일본에 넘기는 데 일조했다. 이로 인해 박제순, 이근택, 이지용, 권중현과 함께 '을사오적(乙巳五賊)'으로서 국민적 지탄의 대상이 되었다.

1907년 고종 황제의 강제 퇴위 이후에는 내각 총리대신이 되어 정미7조약 및 대한제국 군대 해산을 주도하였다.

1910년 8월 22일에는 통감 데라우치와 함께 강제 병합 조약에 조인하여 대한제국의 통치권을 일본에 넘겨주는 매국 행위를 했다.

일제 강점기 동안에는 일제로부터 국권 피탈에 앞장선 공로를 인정받아 백작(伯爵) 작위를 받았으며 조선총독부의 자문기관인 중추원 고문과 부의장을 역임하면서 일제 식민 통치에 적극적으로 협력하였다.

017 _대한제국의 내각 대신과 중추원 의장

중추원 의장 김윤식

○ 중추원 의장 김윤식(金允植, 1835~1922)

조선 말기, 대한제국기에 활동했던 문신이자 문인이며 학자이다.

일찍이 유신환과 박규수 문하에서 활동하였으며 1881년 영선사로 파견되어 청의 양무운동 현장을 시찰하고 친청(親淸) 성향을 띠는 온건 개화파로 활약하였다.

1894년 갑오개혁에 참여하여 독판교섭통상사무에 임명되었으며 그해 7월 정부기구의 개편에 따라 외무아문대신(外務衙門大臣)에 임명되었다. 아관파천으로 외무대신직에서 면직되었고, 을미사변과 관련하여 탄핵을 받아 유배되었다.

1907년 이완용 내각에 의해 유배에서 풀려난 후 1908년 대한제국 중추원 의장에 임명되었다. 1910년 일제 강점 이후 자작(子爵) 작위를 받았으며 조선총독부 중추원 부의장에 임명되었다. 1916년에는 박제순에 이어 경학원 대제학을 역임했다.

1919년 3.1 운동이 일어나자 이용직과 함께 독립을 요구하는 '대일본장서(對日本長書)'를 일본 정부와 조선총독에 제출하기도 했다. 하지만, 이러한 행보는 당시 지식인들이 처했던 시대적 고민과 한계를 보여주고 있다.

017 _대한제국의 내각대신과 중추원 의장

내부대신 박제순

농상공부대신 조중응

● 내부대신 박제순

○ 농상공부대신 조중응(趙重應, 1860~1919)

조선 말기, 대한제국기에 활동한 관료로서 친일반민족행위를 했던 인물이다.

의화군 이강의 수행원으로 일본에 다녀온 뒤 외무아문 참의가 되었으며 김홍집 내각이 붕괴하자 일본으로 망명하였다. 일본에서 10여 년간 조선어 교사로 활동하기도 했다. 을사늑약 체결 이후 통감부가 설치되면서 사면되어 귀국하였다. 1907년 법무대신으로 고종 황제의 강제 퇴위와 정미7조약 체결에 앞장섰다. 또한 1910년 병합조약 체결 시에 농상공부대신으로서 조약에 서명하여 대한제국의 주권을 일본에 넘기는 데 결정적 역할을 하였다. 이에 '정미칠적(丁未七賊)'과 '경술국적(庚戌國賊)'으로 불리면서 지탄의 대상이 되었다.

국권 피탈에 앞장선 대가로 1910년 일본 정부로부터 자작(子爵) 작위를 받았으며, 조선총독부의 자문기관인 중추원 고문으로 임명되어 활동했다. 1910년 10월에는 '조선귀족일본관광단'을 이끌고 처와 함께 일본 주요 도시를 방문하였으며, 천장절(天長節) 행사에 참여해서 천황이 주는 주병(酒甁)을 받았다.

1916년 내선융화를 목적으로 하는 대정친목회(大正親睦會) 회장으로 선출되어 사망할 때까지 재임하는 등 일제의 식민지 지배에 일조하였다.

017 _대한제국의 내각 대신과 중추원 의장

탁지부대신 고영희

○ 탁지부대신 고영희(高永喜, 1849~1916)

조선 말기, 대한제국기의 관료로서 정미7적과 경술국적에 포함된 인물이다.

1876년 김기수를 비롯한 수신사 일행에 일본어 통역으로 수행하여 일본을 시찰하면서 친일개화파에 속하게 되었다. 1895년 주일전권공사로 파견되는 등 여러 관직을 거치다가 1907년 이완용 내각이 성립하자 탁지부대신으로 임용되어 고종 황제 퇴위와 정미7조약 체결에 찬동하였다.

1910년 8월 22일 내각 총리대신 이완용 등과 함께 순종 황제에게 병합 조약의 체결을 강요하였다. 1910년 국권 침탈에 협조한 공로로 일본 정부로부터 자작을 수여받았으며 중추원 고문을 맡았다. 1911년 8월 병합 1주년을 기해 병합을 찬양하는 축사를 『매일신보』에 게재하였으며 이후 대정친목회의 이사를 맡는 등 일제의 식민 통치에 적극적으로 협력하였다.

017 _대한제국의 내각대신과 중추원 의장

궁내대신 민병석

● 학부대신 이용직이 빠져 있지만, 관광단 안에 있다.

○ 궁내대신 민병석(閔丙奭, 1858-1940)

조선 말기, 대한제국기의 관료로서 일제강점기에 일제 통치에 적극 협조했던 친일반민족행위자이다. 이완용은 그의 처내종으로 사돈지간이 되며 절친한 친구 사이이기도 했다.

여흥 민씨 가문의 일원으로 명성황후의 지원 아래 출세 가도를 달렸다. 1894년 청일 전쟁이 일어났을 때는 청나라와 내통하여 일본을 몰아내려 하였고 1896년 아관파천으로 친러파가 집권했을 때는 이완용과의 친분으로 내각에 기용되기도 하였다. 이후 일본의 세력이 강성해지자 이완용과 함께 친러파에서 친일파로 전향하였다.

1900년 농상공부대신으로 재입각한 이후 헌병대 사령관, 군부대신 겸 탁지부대신 등 요직을 두루 거쳤으며 1902년 철도원 총재로서 경부선 철도 부설을 지휘했다.

1910년 궁내부대신으로 조약에 서명하여 국권을 일본에 넘기는 데 일조하였다. 이에 이완용, 윤덕영, 고영희, 박제순, 조중응, 이병무, 조민희와 함께 '경술국적'으로 지탄의 대상이 되었다.

국권 피탈에 앞장선 대가로 1910년 일본 정부로부터 자작 작위를 받았으며 이왕직장관, 조선귀족회 회장, 중추원 부회장, 조선사편수회 고문 등으로 활동하면서 일제의 식민지 지배에 협조하였다.

018 _병합조약 조인실과 통감부의 수뇌

● 전열 중앙 데라우치 통감
좌측으로 야마가타 부통감, 구라토미(倉富), 가우치(木內), 다와라(俵) 각 참여관
우측으로 아라이(荒井) 참여관, 아카시(明石) 소장, 아리요시(有吉), 우사미(宇佐美) 참여관

● 후열 우측 두번째부터 쓰노(津野) 중좌, 도나미(外波) 대좌, 이시이(石井) 소장, 오키도(大城戶) 비서관, 고미야(小宮) 참여관, 고다마(兒玉) 서기관, 고쿠부(國分), 고마쓰(小松) 참여관, 스가노(菅野) 중좌, 후지타(藤田) 대위

○ 1910년 8월 22일 월요일 오후 4시 제3대 한국통감 데라우치 마사타케와 대한제국 총리대신 이완용에 의해 남산의 통감 관저 2층에서 병합조약이 체결되었다.

○ 구라토미 유자부로(倉富勇三郞) : 1907년 정미7조약에 따라 통감부 법무차관에 임명된 인물로 1910년 일제 강점으로 조선총독부 사법부장관이 되어 식민지 법제의 기초를 닦았다.

○ 기우치 주시로(木內重四郞) : 통감부 농상공부차관, 조선총독부 농상공부장관 등을 역임했다.

○ 다와라 마고이치(俵孫一) : 1907년 통감부 학부차관에 임명되었으며 이후 조선총독부 토지조사국 부총재를 역임했다.

○ 아라이 겐타로(荒井賢太郞) : 1907년 통감부 탁지부차관에 임명되었으며 1910년 조선총독부 탁지부장관을 역임했다.

○ 아카시 모토지로(明石元二郞) : 통감부 경무총장 겸 주차헌병사령관으로 일제 강점 이후 무단통치를 주도하였다. 1918년 타이완 총독에 임명되었다.

○ 아리요시 주이치(有吉忠一) : 1910년 조선총독부 총무부장관을

역임하였으며 1922년 조선총독부 정무총감에 임명되었다. 1924년에는 경성제국대학 총장을 지내기도 하였다.

○ 우사미 가쓰오(宇佐美勝夫) : 통감부 내부차관 및 조선총독부 내무부장관을 역임하였다.

○ 쓰노 가즈스케(津野一輔) : 육군대신 비서관 및 육군성 부관으로 데라우치를 보좌하였다.

○ 도나미 구라키치(外波内蔵吉) : 통감부 부속 무관, 조선총독부 부속 무관, 해군성 소속 등에 임명되었다.

○ 이시이 하야타(石井隼太) : 1909년 통감부 무관으로 부임하였다.

○ 오키도 무네시게(大城戸宗重) : 조선총독부 비서관이었으며 1911년부터는 조선총독부 도쿄출장소를 맡았다.

○ 고미야 미호마쓰(小宮三保松) : 통감부 궁내차관 및 1911년 이왕직 차관에 임명되었다.

○ 고다마 히데오(兒玉秀雄) : 통감부 서기관으로 근무했고 1910년 조선총독부 총독관방회계국장 겸 비서관, 1929년 조선총독부 정무

총감에 임명되었다.

○ 고쿠부 쇼타로(國分象太郞) : 조선말 통역관으로 출발하여 통감부 서기관 겸 비서관, 1910년 조선총독부 인사국장 겸 중추원 서기관장, 1917년 이왕직 차관에 임명되었다.

○ 고마쓰 미도리(小松綠) : 조선총독부의 외무부장과 총독부 중추원 서기관장을 역임했다.

○ 스가노 히사이치(菅野尚一) : 죠슈번 출신의 일본 육군 군인이다.

○ 후지타 히사노리(藤田尚德) : 일본의 해군 군인으로 1909년 제2함대 참모를 역임했다.

019 _야마가타 추밀원 의장과 군사령관

추밀원의장 원수 공작
야마가타 아리토모

○ 추밀원 의장 원수 공작 야마가타 아리토모(山縣有朋, 1838~1922)

군인이자 정치가로 일본 육군의 창설자이다. 조슈번 출신으로 막부 말기 존왕양이 운동에 참여하였으며 이토 히로부미와 함께 쇼카손주쿠(松下村塾)에서 요시다 쇼인(吉田松陰)으로부터 사상적 영향을 받았다.

1889년 현역 군인 신분으로 제3대 내각 총리대신으로 취임하였으며, 1890년에는 육군 대장이 되었다. 청일 전쟁 때는 제1군 사령관으로 직접 참전하여 평양 전투를 지휘했다.

1898년 제2차 야마가타 내각을 조직하여 군부의 독립성을 강화하였으며 1901년 가쓰라 내각이 출범하자 가쓰라 내각의 실질적인 후견인 역할을 하면서 내각 운영에 깊이 관여했다.

러일 전쟁 때에는 육군참모총장 겸 병참총감으로서 전쟁 지도의 중추를 담당했으며 이토 히로부미 사망 이후에는 사실상 일본 정치의 실권자가 되었다. 이후 오랜 기간 천황의 최고 자문 기관인 추밀원(樞密院) 의장을 지냈다. 1910년에는 추밀원 의장으로서 병합 조약의 심사를 주도한 인물 중 하나였다.

조선 문제에 있어서도 초기 정한론부터 병합 이후 조선 통치 체제 설계에 이르기까지 핵심적인 인물로 활동하였다. 프로이센식 군제를 도입하여 일본의 군국주의적 체제의 기초를 설계한 인물로 평가되고 있다.

019 _야마가타 추밀원의장과 군사령관

전 한국주차군사령관 자작
하세가와 요시미치

조선주차군사령관 남작
오쿠보 하루노

○ 전 한국주차군(駐箚軍)사령관 자작 하세가와 요시미치(長谷川好道, 1850~1924)

조슈번 출신으로 군인이자 정치가였다. 1904년 육군 대장으로 진급한 이후 한국주차군 사령관에 임명되었다. 러일 전쟁 중 압록강 회전과 랴오양 회전에서 승리를 거두고 돌아왔으며 1905년 을사늑약 이후에도 계속 유임되었다.

1906년과 1908년에 임시 통감 대리와 군사 참의관 직책을 지냈으며, 병합 후인 1912년에는 참모총장이 되어 1915년 원수로 승진하였다.

1916년 데라우치 마사타케가 내각 총리가 되자 그 후임으로 조선 총독에 임명되었다.

총독 재임 중 무단통치를 행하였으며 3·1 운동에 대해 군을 동원해 진압한 것 등으로 비판을 받아 3년 만에 사이토 마코토(齋藤實)로 교체되었다.

○ 조선주차군(駐箚軍)사령관 남작 오쿠보 하루노(大久保春野)

육군 군인으로 1908년 육군 대장이 되었으며 이후 한국주차군 사령관에 임명되었다. 1910년 병합 이후에는 조선주차군 사령관으로 직함이 변경되었으며 1911년 예비역으로 물러났다.

020 _데라우치 통감의 신임 피로회장

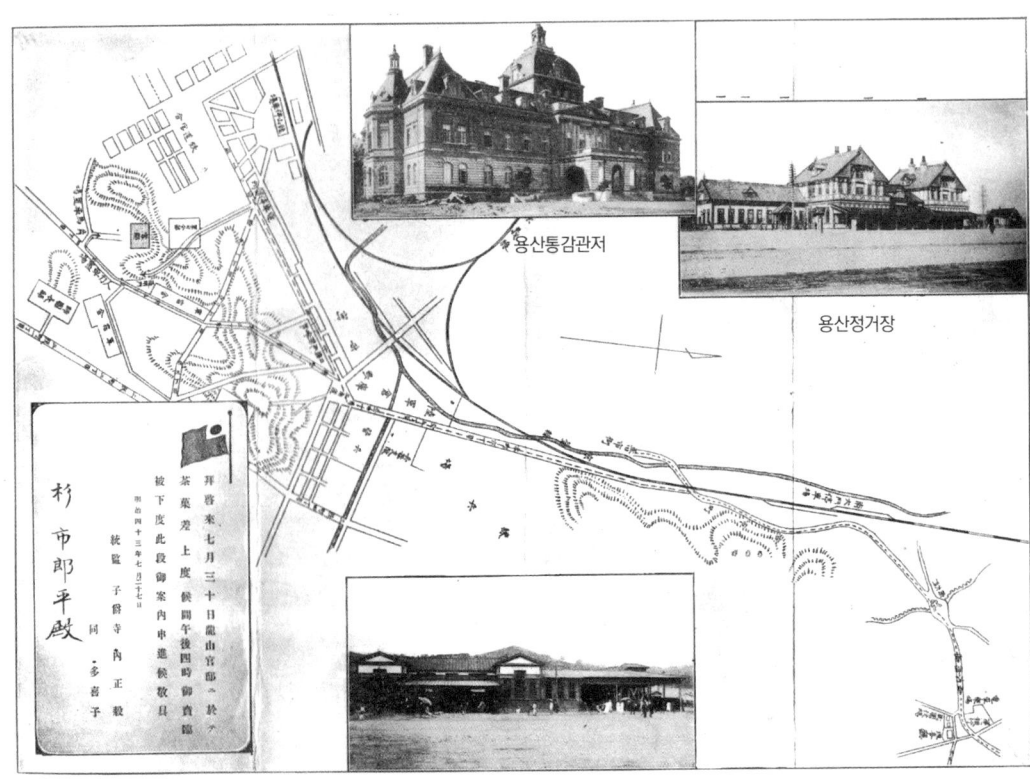

용산통감관저

용산정거장

초대장

남대문정거장

○ 데라우치 통감 신임 피로회장 용산통감관저

용산은 1904년 러일 전쟁 때 일본군이 용산 땅 300여 만평을 사들여 일본 기지로 조성하게 된다. 일제강점기 용산기지는 육군의 주둔지로 사용되었고, 조선군사령부 등이 설치되었다. 1908년 하세가와 요시미치(長谷川好道)가 군사령관으로 재임하던 때에 러일 전쟁 후 남은 군비 잉여금을 사용하여 용산 통감 관저를 건축했다. 네오바로크 양식으로 장식된 통감관저는 건축가 가타야마 도쿠마(片山東熊, 1854~1917)의 설계에 의해 만들어졌다. 조선을 방문한 귀빈들을 위한 숙소나 연회 장소로 사용되었다. 1950년 한국전쟁 중에 소실되었다.

○ 용산정거장

용산정거장은 1900년 경인선 철도 보통역으로 만들어졌으나 1906년 경의선의 시발역이 되면서 고딕양식의 서양풍 목조 2층 건물로 신축되었다. 그러나 얼마 지나지 않아 화재로 소실되면서 이전 설계에 따라 재건축되었다. 1914년에는 용산역을 기점으로 하는 경원선이 개통되었다.

○ 남대문정거장

지금의 서울역인 남대문정거장은 한강철교가 완공되면서 1900년 경인선의 시작역인 서대문정거장 부근 염천교 아래 목조 건축물로 지어졌다. 1910년경부터 경성정거장이 되었다가 1923년부터 경성역으로 이름이 바뀌었다.

020 _데라우치 통감 신임 피로회장 초대장

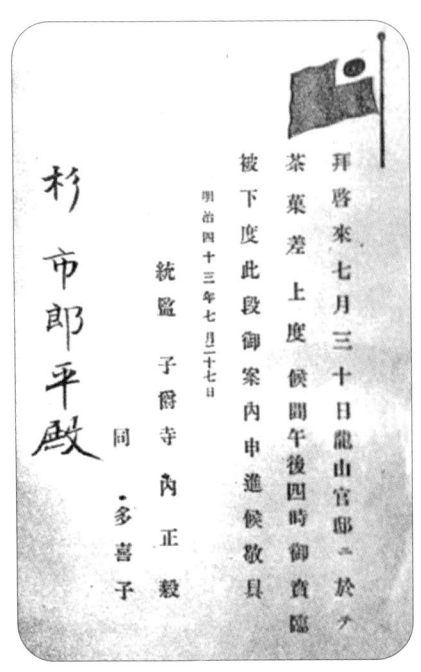

초대장

● 스기 이치로베이 앞 초대장

　삼가 아룁니다.

　오는 7월 30일 용산 관저에서 다과를 대접하고자 하오니

　오후 4시에 부디 왕림해 주시기를 바랍니다.

　이와 같이 안내 말씀 올립니다.

　삼가 올립니다.

　　　　　　　　　　　　　메이지(明治) 43년(1910년) 7월 27일

　　　　　　　　　　　　통감 자작 데라우치 마사타케(寺內正毅)

　　　　　　　　　　　　　　　데라우치 다키코(寺內多喜子)

021 _병합 당시의 주요 관료1

○ 경무총장 아카시 모토지로(明石元治郎)

경무총감부의 장인 경무총장은 주차군 헌병사령관을 겸직하여 경찰과 헌병을 통합 지휘하는 이른바 헌병경찰제의 수장이었다. 이러한 헌병경찰제는 식민지 지배 초기 안정된 통치체제를 구축한다는 명분으로 실시되었다.

● 야마가타(山形) 기밀과장

● 나카노(中野) 경무과장

● 야쿠시가와 쓰네요시(藥師川常義) 경기도경무부장

○ 참여관 이시즈카 에이조(石塚英藏) : 통감부에서 감사 부장, 총무장관 직무대리를 역임하고 1910년 조선총독부에서 조사국장관에 임명되었다. 1912년 조선총독부 농상공부장관이 되었으며 1916년 동양척식주식회사 총재가 되었다. 1929년 제13대 대만 총독에 취임하였으며 1934년 추밀원 고문관이 되었다.

● 참여관 아리요시 주이치(有吉忠一)

● 참여관 고마쓰 미도리(小松綠)

● 참여관 고쿠부 쇼타로(國分象太郎)

022 _병합 당시의 주요 관료2

사법청장관 구라토미 유자부로

학부차관 다와라 마고이치

탁지부차관 아라이 겐타로

궁내부차관 고미야 미호마쓰

통신관리국장 이케다 주사부로

철도관리국장 오야 곤페이

농상공부차관 기우치 주시로

내부차관 우사미 가쓰오

● 궁내부차관 고미야 미호마쓰(小宮三保松)

● 탁지부차관 아라이 겐타로(荒井賢太郎)

● 학부차관 다와라 마고이치(俵孫一)

● 사법청장관 구라토미 유자부로(倉富勇三郎)

● 내부차관 우사미 가쓰오(宇佐美勝夫)

● 농상공부차관 기우치 주시로(木內重四郎)

○ 철도관리국장 오야 곤페이(大屋權平) : 1903년 경부철도 공사장, 통감부 철도관리국장, 1910년 조선총독부 철도국장관에 임명되었다.

○ 통신관리국장 이케다 주사부로(池田十三郎) : 조선총독부 통신국장에서 후에 체신국장으로 개칭되었다.

023 _병합 당시의 주요 관료3

대심원 검사총장 고쿠부 산가이

대심원장 와타나베 도오루

부산이사관 가메야마 리헤이타

농상공부 상공국장 기쿠치 다케이치

○ 대심원장(大審院長) 와타나베 도오루(渡邊暢) : 1907년 통감부에서 최종심으로 대심원을 설치하자 1908년 대심원장을 맡았다. 1909년 기유각서로 인해 대심원이 고등법원으로 격하되자 고등법원장을 맡았다.

○ 을사늑약 이후 통감부는 고등재판소에 해당하는 평리원을 분리하여 최종심으로 대심원을 설치하였다. 또한, 검사국을 두어 검사총장이 하급검사국을 지휘, 감독하게 하였다. 1909년에는 기유각서를 통해 대한제국의 사법행정 사무가 일본 정부에 위탁되면서 대심원은 고등법원으로 격하되었다.

○ 대심원 검사총장 고쿠부 산가이(國分三亥) : 일제강점 이후 조선총독부 재판소 고등법원 검사장, 조선총독부 사법부장관, 조선총독부 법무국장을 역임했다.

○ 농상공부 상공국장 기쿠치 다케이치(菊池武一) : 1909년 통감부 농상공부 상공국장에 임명되었으며 1910년 조선총독부 농상공부 식산국장, 농림국장을 역임했다.

○ 부산이사관 가메야마 리헤이타(龜山理平太) : 1905년 을사늑약 이후 통감부 경찰의 경시로 부임하여 1907년 부산이사청 이사관을 역임했다.

023 _병합 당시의 주요 관료3

내부 지방국장 사와다 우시마로

탁지부 사세국장 스즈키 시즈카

경성이사관 미우라 야고로

통감부 회계국장 백작 고다마 히데오

○ 탁지부 사세국장 스즈키 시즈카(鈴木穆) : 조선총독부에서 탁지부 장관 및 임시토지조사국장, 조선은행 부총재 등을 역임하였다.

● 내부 지방국장 사와다 우시마로(澤田牛磨)

● 통감부 회계국장 백작 고다마 히데오(兒玉秀雄)

○ 경성이사관 미우라 야고로(三浦彌五郎) : 마산영사, 통감부 서기관, 경성이사청 이사관을 역임했다.

024 _용산주차육군장교 및 조선주차군사령부

사단사령부(용산)

조선주차군사령부(용산)

○ 조선주차군사령부(용산)

조선시대 용산은 한강과 접해있어 선박을 통한 물류 이동이 용이한 곳이었다. 이에 1882년 임오군란 때에 청국군이 용산에 주둔하게 된다.

이후 1904년 일본이 러일 전쟁 때 한일의정서를 강제로 체결하면서 이를 근거로 용산 땅 300여만 평을 수용하였다. 그러고는 철도기지화와 더불어 군사기지를 만들기 위해 1906년부터 대규모 병영 건축이 시작되었다.

본래 조선주차군사령부는 일제가 1904년 소공동 대관정(大觀亭, 현 웨스틴 조선호텔 인근)에 설치하였다. 이후 필동 2가(현 남산한옥마을 부지)에 있다가 1908년 10월 용산으로 이전하게 된다. 이와 함께 용산에는 오포대(1908. 9), 위수병원(1908. 9), 사단장 숙사(1908. 10), 병기지창(1908. 10), 육군창고(1908.1 1), 사단사령부 청사(1908. 12), 군악대 청사(1909. 4), 기병중대 병사(1909. 9), 야포병중대 병사(1909. 9), 위수감옥(1909. 9), 군사령관 숙사(1910. 4) 등의 건립이 이어졌다.

일제강점기 용산기지는 육군의 주둔지로 사용되었고, 조선군사령부 등이 설치되었다. 1945년 제2차 세계대전 이후 일본군이 철수한 후에는 미군 제7사단 약 1만 5천명이 일본군의 병영을 계승했다.

025 _부통감 일행과 오쿠보 대장

야마가타 부통감 일행
● 야마가타 부통감 부임 도중 인천에 상륙했을 때 광제호(光濟號) 갑판에서

오쿠보 군사령관과 양 소장

○ 야마가타 부통감 일행

야마가타 이사부로는 1910년 6월 부통감으로 부임했으므로, 이 시기 인천항에 도착해 촬영한 사진으로 추정된다.

광제호는 대한제국이 일본 가와사키 조선소에 주문해 제작한 등대순시선으로, 대한제국이 직접 보유한 선박이었다. 그러나 을사늑약 이후 통감부가 설치되면서부터는 일본인 관리들이 본국으로 나들이하거나 출장할 때 주요 이동 수단으로 활용되었다. 이후 조선총독부 통신국으로 이관되면서 '광제환(光濟丸, 코사이마루)'으로 이름이 바뀌고, 총독부의 관용선으로 운용되었다.

026 _황태자 한국 방문 기념

황태자 요시히토 한국 방문 기념 촬영

○ 황태자 한국 방문 기념 촬영

1907년 9월 20일, 메이지 천황은 황태자 요시히토(嘉仁)에게 한국을 다녀오라는 명을 내렸다. 당시 대한제국에서는 통감 이토 히로부미가 헤이그 특사 사건을 구실로 하여 7월 19일 고종 황제를을 강제 퇴위시키고 24일에 한국의 내정권을 박탈하는 정미7조약을 체결한 직후였다. 이때 이토는 황태자의 한국 방문을 추진함으로써 일본의 한국 통치를 더욱 공고히 하고자 하였다

이에 요시히토는 10월 10일 도쿄 신바시(新橋)를 출발하여 16일 오후 인천항에 도착하였고 인천역에서 순종 황제와 황태자 영친왕을 만났다. 이후 서울에 도착하여 통감관저에 머물며 4일간 체류하다가 20일 오후 인천항을 떠나 일본으로 복귀하였다.

사진은 10월 19일 경복궁 경회루에서 찍은 것으로 요시히토를 중심으로 오른쪽에 영친왕과 요시히토의 스승인 아리스가와노미야(有栖川宮) 다케히토(威仁) 친왕, 통감 이토 히로부미(伊藤博文)가 있고 이토 뒷줄 오른쪽에 법무대신 조중응이 보인다. 또한 영친왕의 뒷줄에는 일본 해군대장 도고 헤이하치로(東鄕平八郎), 육군대장 가쓰라 타로(桂太郎)가 보인다. 요시히토의 왼쪽으로는 총리대신 이완용, 군부대신 이병무와 뒷줄에 농상공부대신 송병준이 보인다. 요시히토의 방문에서는 영친왕의 일본 유학도 논의되었는데, 사실상 영친왕을 볼모로 삼으려는 의도가 있었다.

027 _순정효황후와 친잠실

순정효황후와 친잠실(親蠶室)

● 중앙에 순정효황후를 중심으로 좌측으로 이은공비, 완흥군비, 이완용 부인, 우측으로 이지용 부인, 민병석 부인, 기타 귀부인들

● 앞줄 좌측으로부터 고의성(高義誠), 고미야(小宮) 차관, 윤덕영(尹德榮), 민병석(閔丙奭), 조중응(趙重應), 나카무라(中村) 농무국장, 윤용선(尹容善), 이와다(岩田) 기사

○ 윤덕영(尹德榮, 1873~1940)

대한제국의 친일 관료이며 경술국적 8인 중 한 명으로 일제 침탈에 적극 협조한 인물이다. 1908년 시종원경이 되었고 1909년에는 이토 히로부미 추도식을 주도하였다. 1910년 병합 조약 체결에 깊이 관여하여 협박과 국새 강탈 등의 방식으로 주도하였다. 일제강점기에는 일본 정부로부터 자작 작위를 받고 일본 제국의회 귀족원 칙선의원, 조선총독부 중추원 부의장 등을 지냈으며 조선 귀족을 대표하여 일본 천황의 즉위 행사 및 전쟁 지지 활동에도 참여했다.

○ 윤용선(尹容善, 1829~1904)

조선 후기와 대한제국기의 대표적 보수 관료로서 윤덕영의 조부이다. 1896년 아관파천 직후 친러 보수 내각의 탁지부대신으로 입각하였으며 이후 조선 제5대 내각 총리대신에 임명되었다. 1897년에는 교전소 부총재로서 새 법전 편찬을 주도하였고 「대한국국제」 제정을 이끌었다. 1898년 황제와 황태자에게 독이 든 커피가 진상된 독다 사건 직후, 독립협회로부터 탄핵당해 일시 해임되었으나 보수 내각이 재집권하면서 다시 의정부 의정에 임명되었다. 군주권 강화를 일관되게 추구한 대표적 보수 관료로 평가된다.

027 _순정효황후와 친잠실

친잠실의 외부

● '친잠권민(親蠶勸民)'의 현판은 황후의 글씨임.

친잠실의 내부

○ 친잠실

『고종실록』 원년(1864년) 11월 6일자 기록에는 '왕후가 친잠하는 것은 종묘(宗廟) 제사 때에 입을 제복(祭服)을 만들기 위한 것이고, 임금이 친경하는 것은 종묘 제사에 올릴 자성(粢盛)을 갖추기 위한 것으로서 이는 모두 조종(朝宗)을 공경하는 뜻에서 나온 것'이라는 홍종서의 설명이 나온다.

일반적으로 왕과 왕비가 몸소 밭을 갈고 누에를 치는 것은 농경사회에서 백성들의 근본이 되는 의(衣)와 식(食)을 장려하기 위함이었다. 왕후가 행하는 일상적인 의식으로는 뽕따기와 길쌈이 있었는데, 이는 한편으로 여성 노동의 상징이었기 때문이다. 이를 몸소 실천하는 의식을 행함으로써 모든 여성에게 모범을 보이고자 한 것이다. 창덕궁 서향각(書香閣)에 친잠실(親蠶室)을 설치하여 내명부와 외명부 여성들을 거느리고 직접 뽕을 따서 누에를 치는 친잠례를 행하였다.

028 _개성 만월대 행차

옛 왕의 행렬

순종 황제의 개성 만월대 행차

○ 순종 황제의 개성 만월대 행차

　1909년 순종 황제의 서북 순행은 통감 이토 히로부미와 통감부 그리고 그들의 상위 조직인 일본 정부에 의해 치밀하게 사전 모의되어 진행되었다. 고종 황제의 퇴위와 군대 해산 이후 전국적으로 격화되던 의병 항쟁을 무력으로 진압한 상황에서 국내의 반일 감정을 무마하고 친일로 전환시키려는 정치적 의도에서 순행을 기획한 것이었다.

　순종 황제는 1909년 1월 27일 창덕궁을 출발하여 신의주, 정주, 평양, 황주, 개성 등지를 방문하였고 2월 3일 남대문정거장에 도착했다. 서북 순행에 오른 279명의 수행원 가운데 이토를 비롯한 일본인은 81명이었다.

　고려의 옛 궁궐 터인 개성 만월대 관람은 2월 3일 오전 10시에 있었다. 사진 속 군복 차림의 순종 황제가 이토 통감과 함께 망국의 무너진 회경전 계단을 내려와 일본 헌병들에 의해 둘러싸여 있는 모습이다.

029 _이토 히로부미의 필적

이토 히로부미

통감관저 뒤 호도원의 바위에 새겨진 이토의 필적

○ 이토 히로부미(伊藤博文, 1841~1909)

조슈번의 하급 무사 출신으로 메이지 시대 주요 관료이자 정치가로 활동하였다. 막부 말기 존왕양이 운동에 참여하였으며 쇼카손주쿠(松下村塾)에서 요시다 쇼인(吉田松陰)으로부터 사상적 영향을 받았다. 메이지 유신 이후 신정부에 참여하여 1889년 독일 헌정을 본 떠 일본 최초의 근대 입헌군주제 헌법인 메이지 헌법을 초안하였다.

1885년에 일본의 초대 총리가 되었으며 총 4차례 총리직을 역임하였다.

1905년 을사늑약 체결을 강요하였으며 이후 조선에 통감부가 설치되면서 초대 통감으로 부임하였다. 고종의 퇴위, 내정 간섭 강화, 병합 사전 정지 작업을 주도하였다.

1909년 10월 26일, 만주 하얼빈에서 안중근 의사의 총에 맞아 사망하였다. 일본 내에서는 근대 일본의 기초를 닦은 정치가로 평가되고 있지만, 제국주의 침략의 핵심 인물로서 조선 침탈의 상징인 인물이다.

○ 호도원(好道園)

호도원은 일제 강점기 헌병대 사령부(현 필동 한국의 집) 후방에서 총독관저 배후로 연결되었던 정원을 말한다. 당시 헌병대 사령부는 1908년 9월까지 한국주차군 사령부였기 때문에 전 사령관이었던 하세가와의 이름인 요시미치(好道)를 붙여 호도원으로 명명하였다.

이토가 바위에 새긴 글씨는 『일본서기(日本書紀)』 신대(神代)에 나오

029 _소네 아라스케의 필적

소네 아라스케

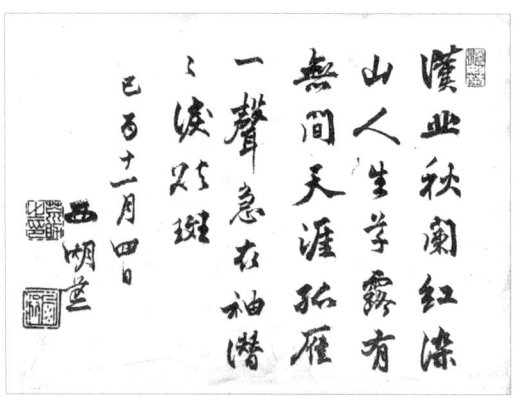

소네가 이토를 애도하며 쓴 필적

는 '왕통의 융성함은 천지와 함께 무궁하리라(寶祚之隆與天壤無窮)'를 인용한 것이다. 천손(天孫) 니니기노미코토(瓊瓊杵尊)가 지상으로 강림할 때 아마테라스 오미카미(天照大神)가 내렸다는 신칙(神勅)의 내용이다.

○ 소네 아라스케(曾禰荒助, 1849~1910)

군인이자 정치인, 외교관으로 활동하였다.

조슈번 하기(萩) 출신으로 막부 말기 존왕양이 운동에 참여하였다. 이후 메이지 정부에서 사법대신, 농상무대신, 대장대신, 외무대신 등 주요 요직을 거쳤다.

1907년에 대한제국 초대 통감인 이토 히로부미를 보좌하는 부통감으로 임명되었다. 이후 이토가 추밀원 의장으로 임명되어 통감직을 사임하자 1909년 제2대 통감이 되었다. 1910년 위암으로 사임하였고 일제강점 시에는 병상에 있다가 사망했다.

030 _기념 촬영1

제1차 한일협약 체결 기념

을사늑약 체결 기념

○ 제1차 한일협약

제1차 한일협약은 1904년 8월 22일 러일 전쟁 중에 대한제국과 일본 사이에 체결된 불평등 협약이다. 대한제국 정부는 일본 정부가 추천하는 일본인 1명을 재정 고문으로, 외국인 1명을 외무 고문으로 고용하고 재무 및 외교에 관한 중요한 사항은 그들에게 의견을 물어 실시하도록 했다. 이에 따라 메가타 다네타로(目賀田種太郎)가 재정 고문으로, 친일 미국인 더럼 W. 스티븐스(Durham W. Stevens)가 외교 고문으로 파견되었다. 이 협약을 통해 일본은 대한제국에 대한 고문정치를 실시하면서 식민지화를 위한 발판을 더욱 공고히 했다.

○ 을사늑약(제2차 한일협약)

을사늑약(乙巳勒約)은 러일 전쟁에서 승리한 일본이 1905년 11월 17일에 대한제국의 외교권을 강제로 빼앗은 사건이다. 이로써 대한제국은 국제 사회에서 독립국가로서의 지위를 잃게 되었으며 통감이 대한제국의 외교에 관한 사항을 관리하도록 하면서 통감부가 설치되었다. 고종 황제의 반대와 국제 사회의 비판에도 불구하고 강제로 체결되었다.

031 _기념 촬영2

수원에서의 이토 히로부미

함흥에서의 최초 천장절

○ 수원에서의 이토 히로부미

1905년 11월 17일에 을사늑약이 체결되고 5일 후인 11월 22일, 이토 히로부미는 자축하기 위해 하야시(林) 공사 등과 함께 수원으로 여행을 떠났다. 오전 9시 30분, 남대문에서 출발한 열차가 수원에 도착하자 이토는 팔달산 구경과 사냥을 즐겼다. 이 사진은 그 당시 수원에서 촬영된 것으로 보인다.

수원에서의 일정을 마친 이토 히로부미는 6시경, 기차를 타고 돌아가던 중 안양역에서 잠시 정차했다. 이때 차창 밖에서 몇 개의 돌멩이가 날아와 유리창을 깨뜨리며 이토의 얼굴에 상처를 입혔다. 당시 을사늑약에 대한 소식으로 전국에서 분노한 지사들이 많았는데, 원태우 의사가 이토를 향해 돌을 던지는 의거를 감행했던 것이다. 원태우 의사는 일제의 침략 야욕으로부터 민족의 자존심을 지키기 위해 의거를 일으켰다.

○ 함흥에서의 최초 천장절

천장절(天長節)은 일본 천황의 탄생일을 기념하는 날로, 메이지 시대의 천장절은 11월 3일이었다. 병합 이후 처음 맞이한 천장절에는 봉축 행사가 성대하게 열리기도 했다. 이 사진은 함흥부에 위치한 관아 건물 중 하나인 지락정(知樂亭) 앞에서 당시 천장절 기념 행사 중 촬영된 것으로 보인다.

032 _하나부사 공사 일행 조난 기념

● 메이지 15년(1882년) 7월 3일 한성 조난 후 나가사키에서 촬영

(상단) 오른쪽에 다다(多田) 궁내부 서기관, 중앙에 지하라(千原) 후비보병 중좌, 왼쪽에 가와카미(川上) 농상공부 서기관 (1910년 당시 모습).

(3열) 오바 에이죠(大庭永成), 마쓰오카(松岡) 중위, 아사야마 겐조(淺山顯藏), 미즈노(水野) 대위, 다케다 히사시(武田尙), 오쿠무라(奥村), 가와카미 다쓰이치로(川上立一郞), 스즈키(鈴木), 나카무라(中村)

(2열) 오카 효이치(岡兵一), 서기관 곤도 마스키(近藤眞鋤), 공사 하나부사 요시모토(花房義質), 이시바타 사다(石幡貞), 사가와 아키라(佐川晃)

(1열) 오른쪽부터 다다 다케시(多田桓), 지하라(千原) 군조, 가에데 겐테쓰(楓玄哲), 요코야마(橫山) 순사, 고바야시(小林) 순사

○ 하나부사 공사 일행 조난

1876년 강화도조약이 체결된 뒤, 일본 정부는 조선에 대한 외교적 접촉을 본격화하였다. 1877년에는 하나부사 요시모토(花房義質)가 주조선 대리공사로 임명되었으며, 이에 따라 하나부사는 돈의문 밖 천연동에 위치한 경기중군영을 공사관으로 삼고 입주하였다.

1881년 조선 정부는 군제 개혁에 착수하면서 일본 육군 소위 호리모토 레이조(堀本禮造)를 초빙하여 신식 군대인 '별기군'을 조직하고 서양식 훈련을 실시하였다. 그러나 별기군에 비해 기존의 구식 군대는 차별을 받게 되었고, 이에 대한 불만이 누적되었다. 그 결과 1882년 여름, 구식 군인들의 불만이 폭발하여 임오군란(壬午軍亂)이 발발하였다. 이 사건으로 일본인 군사교관 호리모토가 피살되었으며, 일본 공사관도 습격을 받았다.

하나부사 공사와 일본인 28명은 급히 공사관을 빠져나와 한강을 건너 인천부로 피신하였으며, 제물포에서 어선을 이용해 탈출하였다. 이들은 해상을 표류하다 영국 해군 측량선인 플라잉피쉬호(Flying Fish)의 보호를 받아 무사히 나가사키에 도착할 수 있었다. 이후 하나부사는 데라우치 마사타케가 이끄는 일본군과 함께 조선에 재입국하였고, 조선으로부터 사건에 대한 손해 배상을 받아내는 한편, 일본군의 한성 주둔을 명문화한 제물포 조약을 체결하였다.

033 _동학당과 김옥균

동학당 원조 최복술

옥중의 최시형

동학당 수령 최시형

○ 동학당 원조 최복술(崔福述, 1824~1864)

동학에서 최복술은 창시자 최제우의 본명이다. 최제우는 1860년 동학을 창시하여 유교, 불교, 도교 등의 사상을 융합하고 민중 구제와 인간 평등을 강조하였다. 교세가 빠르게 확장되자 조정은 두려움을 느껴 최제우를 체포하였고 좌도난정(左道亂正)의 죄목으로 처형하였다.

○ 동학당 수령 최시형(崔時亨, 1827~1898)

최제우의 사후, 최시형이 제2대 교주로서 동학을 계승하였으며 교리와 조직을 정비하여 동학을 보다 체계화하고 전국적으로 확산시키는 데 중요한 역할을 하였다. 또한 최시형은 1894년 동학농민운동 당시 핵심 지도자 중 한 명으로 활동했으며, 농민운동이 실패한 후 피신 생활을 이어가다가 1898년 강원도 원주의 제자 원덕여의 집에서 체포되어 서울로 압송되었다. 이후 서소문 형무소에서 옥고를 치르다가 결국 교수형에 처해졌다

○ 동학당 수령의 효수

처음에는 사진 속 인물이 전봉준으로 추정되기도 했다. 그러나 전봉준은 1895년 3월 29일 사형을 선고받은 다음 날 새벽 2시에 교수형에 처해졌다. 과거에는 역적죄에 해당하는 사형수는 대부분 참형(목을 베는 형벌)에 처한 뒤 효수되어 잘린 머리를 관아 문 앞이나 사람들이 많이 다니는 장소에 내걸고 조리돌림하는 방식으로 형을 집행

033 _동학당과 김옥균

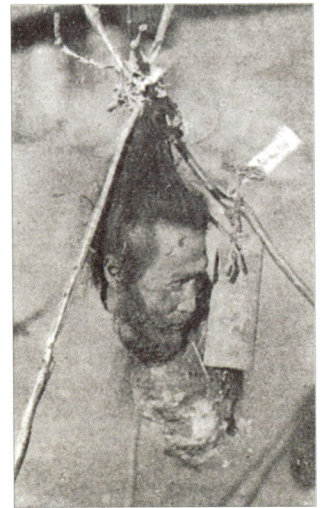

동학당 수령의 효수

일진회 회장 시천교장 이용구

했다. 하지만 전봉준은 갑오개혁 당시 개정된 법률에 따라 교수형에 처해졌다.

사진 속 형상은 김개남의 모습과 유사하며 꼬리표에 '김(金)' 자 등이 적혀 있는 점에 근거해 역사학자 이이화는 이 인물이 김개남일 가능성이 높다고 추정하고 있다. 김개남은 전주 서교장에서 처형된 뒤 전주 일대에서 조리돌림을 당하고 서울로 이송되어 수구문 밖 남벌원에서 다시 조리돌려졌으며, 서소문 거리에서 효수되었다. 이는 당시 법적으로 허용되지 않은 것이었으나 이전에 천주교 신자들에게 적용되었던 형벌 방식이 재차 사용된 것으로 보인다.

○ 일진회 회장 시천교장 이용구(李容九, 1868~1912)

이용구는 대한제국 시기 일진회 회장이자 시천교 교주였다. 그는 1890년 동학에 입교하여 손병희 등과 함께 최시형의 제자가 되었지만, 1904년 동학교도를 규합하여 조직한 진보회를 송병준이 이끄는 일진회와 통합하였다. 일진회 활동을 통해 병합 조약 체결을 찬성하는 여론을 이끌었으며, 손병희가 천도교로 개칭하고 동학과 일진회를 분리하자 시천교를 창립하여 교주가 되었다. 이용구는 시천교를 통해 자신의 영향력을 확대하였으며 적극적인 친일 행위를 자행하였다.

033 _동학당과 김옥균

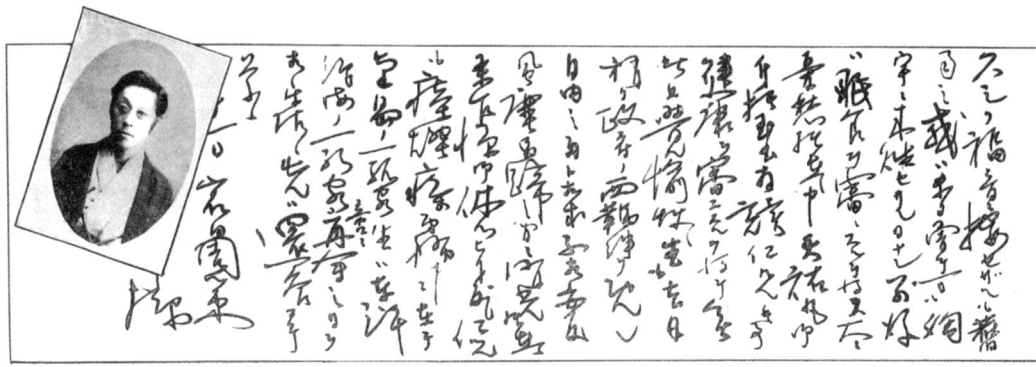

김옥균의 필적

○ 김옥균(金玉均, 1851~1894)

　김옥균은 개화파의 상징적 인물로서 1884년 갑신정변을 주도하였으나, 정변이 실패한 뒤 일본으로 망명하였다. 그는 갑신정변 당시 발표된 갑신정강을 통해 인민 평등권의 확대와 입헌군주제의 모태가 되는 내용 등 근대 국가의 기틀을 제시하며 개화와 근대화를 적극적으로 추구하려는 의지를 드러냈다.

　그러나 이러한 시도는 메이지 유신을 모델로 삼아 일본에 지나치게 의존한 측면이 있었고, 일반 민중의 지지를 받지 못한 채 상층 지식인 중심으로 전개되었다는 한계를 지닌다. 결국 그의 개혁은 근대화를 위한 중요한 시도였으나, 대중적 기반 부족과 외세 의존이라는 구조적 문제로 인해 실패로 귀결되었다.

034 _언론 및 조선 관계 인물

반도 최초의 잡지, 한성주보

이노우에 가쿠고로

○ 이노우에 가쿠고로(井上角五郎, 1860~1938)

후쿠자와 유키치(福澤諭吉)의 제자로서 게이오의숙(慶應義塾)에서 수학하였으며 임오군란 이후 후쿠자와의 추천으로 조선 정부 고문으로 파견되었던 인물이다.

그는 조선 최초의 근대 신문인 『한성순보』(1883년 창간)와 그 속간인 『한성주보』(1886년 창간)의 발간에 관여한 인물로서 일본에서는 일반적으로 이노우에가 주도하여 창간한 것으로 알려져 있다. 이는 후쿠자와의 지도 아래 조선 계몽을 위한 수단으로 신문 발간의 필요성이 제기되면서 이노우에가 그 실천자로 간주되었기 때문이다.

그러나 이노우에가 『한성순보』 및 『한성주보』의 창간을 주도했다는 주장은 대부분 그의 후대 저작물에 근거한 것으로 자신의 행적을 다소 과장하거나 미화한 측면이 있다. 실제로 이노우에는 1882년 12월에 조선에 와서 1886년 12월에 귀국하기까지 일본 체류 기간을 빼면 약 3년간 머물렀을 뿐이며, 두 신문의 발간은 박문국의 책임자 김윤식이 고종의 윤허를 받아 추진한 것이었다. 물론 당시 조선에는 근대적 신문 제작 경험이 없었기에 이노우에의 기술적, 실무적 기여는 일정 부분 인정될 수 있을 것이다. 하지만 그를 '창립자'로 단정거나 순수하게 주도한 인물로 평가하는 것에는 신중할 필요가 있다.

034 _언론 및 조선 관계 인물

경성 선린상업학교 창립자
오쿠라 기하치로

육군공병중좌
가이즈 미쓰오

○ 경성 선린상업학교 창립자 오쿠라 기하치로(大倉喜八郎, 1837~1928)

오쿠라 재벌의 창업자인 오쿠라 기하치로는 강화도조약의 체결로 부산이 개항하자 일찍이 조선에 진출하였다. 1878년에는 시부사와 에이이치(澁澤榮一)와 함께 부산에 제일은행 조선지점을 설립하였으며, 이후 무역과 군수업에 주력하여 거대 상인으로 성장하였다. 또한 그는 오쿠라구미(大倉組)를 설립하여 건설업에도 진출하였으며 덕수궁 석조전 시공을 맡아 완공한 바 있다. 한편 조선과 중국 등지에서 수집한 미술품을 보관하기 위해 1909년 오쿠라슈코칸(大倉集古館)을 설립하였으며, 이는 그가 문화재 수난사의 주요 인물로 지목되는 배경이 되었다.

경성 선린상업학교(현 선린인터넷고등학교)는 1907년 자신의 고희(70세)를 기념하여 한국인의 상업 교육에 이바지한다는 명분으로 오쿠라가 기부한 20만 원을 재원으로 설립되었다. 여기에 한국 정부의 보조금이 더해져 학교가 운영되었다. '선린(善隣)'이라는 교명은 '한일 간의 우호선린'을 뜻하며, 이토 히로부미가 직접 지은 것으로 전해진다. 한때는 교명을 오쿠라의 이름을 딴 오쿠라상업학교로 변경하려는 시도도 있었던 것으로 알려져 있다.

○ 30여년 동안 조선에 관계했던 육군공병중좌 가이즈 미쓰오(海津三雄, 1853~?)

일본 육군 장교로 1877년 하나부사 요시모토(花房義質)를 수장으로 한 사절단에 수행원으로 참여하였다. 그는 강화도조약에 따라 개항지가 될 항구를 선정하기 위해 부산항에서 인천항까지 각 지역 간의 거리를 측량하고, 조선의 도로와 해안 지형에 대한 지도를 제작했다.

034 _언론 및 조선 관계 인물

경성이사청 통역관
나카무라 쇼지로

농상공부서기관
신조 준테이

후치가미 사다스케

○ 경성(京城)의 상인으로 가장 오래된 후치가미 사다스케(淵上貞助)

일제 강점기 조선에서 활동한 일본인 골동품 수집가이다. 그는 조선총독부와 긴밀한 관계를 맺고, 총독부 박물관의 유물 수집과 확보에 관여하였다. 특히 1912년에는 국보 제78호인 금동반가사유상을 조선총독부에 판매한 인물로 알려져 있다.

○ 제1기 육군 파견 유학생 농상공부서기관 신조 준테이(新庄順貞, 1864~1920)

일본 참모본부의 조선어학 생도로 조선어를 익힌 뒤 육군성, 외무성, 조선통감부, 조선총독부 등에서 다양한 직책을 역임한 관료이자 언어학자였다. 1895년 조선에 건너온 그는 조선총독부의 「보통학교용 언문철자법」 제정 작업과 「조선어사전」 편찬 사업에 참여하며, 조선어 교육과 정리 작업에 관여하였다. 또한 일본인을 위한 한국어 학습서인 『선어계제(鮮語階梯)』를 저술하기도 하였다.

○ 메이지 원년 한국으로 건너왔던 경성이사청 통역관 나카무라 쇼지로(中村庄次郎, 1855~1932)

쓰시마 이즈하라(嚴原) 출신의 조선어 통역사로 한일 간의 외교 교섭 현장에서 오랜 기간 활동한 인물이다. 그는 14세 때 처음으로 부산을 방문하였으며, 1873년 일본 정부가 부산 초량에 '초량관 어학소(草梁館語學所)'를 설치하자, 이곳에서 공식적으로 조선어를 배우기 시작했다. 이후 한국에 머물며 통역과 외교 협상 등 다양한 분야에서

034 _언론 및 조선 관계 인물

기쿠치 겐조

이치카와 이시도

활발히 활동하다가 1910년 무렵에 퇴직하였다. 퇴직 후에도 부산에 계속 거주하였으며, 1932년 여름에는 오구라 신페이(小倉進平)를 만나 자신의 한국어 학습서와 관련 자료들을 기증하는 등 한일 언어 연구에도 간접적으로 기여하였다.

● 첫 번째 상인으로 경성에 거류했던 이치카와 이시도(市川石動)

○ 20여년 경성에서 신문 사업에 관계했던 기쿠치 겐조(菊池謙讓, 1870~1953)

구마모토현 출신의 언론인으로, 일본의 조선 침략과 식민지 통치에 앞장섰던 인물이다. 1893년, 민우사(民友社) 계열 신문인 『국민신문』의 특파원 자격으로 조선에 건너왔으며, 청일 전쟁 당시에는 종군기자로 활동하였다. 1895년에는 같은 구마모토 출신의 국권당(國權黨) 인사 아다치 겐조(安達謙藏)와 함께 『한성신보』를 창간하였다. 그러나 같은 해 을미사변(명성황후 시해 사건)에 가담한 혐의로 일시적으로 퇴거 처분을 받았고, 1898년 다시 조선에 입국하여 『한성신보』의 주필로 복귀하였다. 이후 『한성신보』와 『대동신보』의 사장을 맡으며, 일본의 조선 침략과 식민지 지배를 정당화하고 선전하는 데 앞장섰다. 이들 신문은 1906년 통감부에 의해 매수되어 일본의 조선 지배를 위한 공식 기관지인 『경성일보』로 통합되었다. 1911년에는 대구 거류민단장이 되었고, 1920년에는 조선정보위원회 위원으로 활동하며 조선의 실정을 조사하였다. 1930년에는 오다 쇼고(小田省吾)와 함께 『고종순종실록』 편찬 사업에도 참여하였다.

035 _주한 일본공사

하나부사 요시모토   모리야마 시게루

○ 메이지 초대 수신사 모리야마 시게루(森山茂, 1842~1919)

메이지 초기 일본 외교 현장에서 활동한 인물이다. 1869년, 메이지 정부는 대조선 외교업무를 종래의 쓰시마번 대신 외무성이 직접 담당하도록 조정하였고, 1870년 조선과 직접 접촉을 시도하였다. 이에 모리야마는 외무성 관료 요시다 고키(吉田弘毅)를 수행하여 조선에 파견되었으나, 조선 측 왜학훈도 안동준(安東晙)은 일본 중앙정부와의 직접 외교는 외교 관례에 어긋난다며 접촉을 거부하였다. 귀국한 모리야마는 이후 조선에 대한 무력 정벌을 주장하기도 했다.

1875년 2월, 그는 새로운 서계를 지참하고 다시 조선으로 향하였으나, 서계에 사용된 '대일본(大日本)', '황상(皇上)' 등의 표현과 일본어로 작성된 본문, 그리고 사신 접대를 위한 연회석상에서 양복을 착용한 점 등이 문제시되어 조선 측은 이를 공식 외교 문서로서 접수하지 않았다. 그해 12월, 모리야마는 외무권대승(外務權大丞)으로 임명되어 1876년 강화도조약(조일수호조규) 체결을 위한 교섭단의 일원으로 구로다 기요타카(黑田淸隆)를 수행하였다.

○ 최초의 공사 자작 하나부사 요시모토(花房義質, 1842~1917)

메이지 정부의 대표적인 외교관으로 일본의 대외 확장 초기 외교 현장에서 중요한 역할을 수행한 인물이다. 1870년 청일수호조규 체결을 위해 청나라에 파견되었으며, 1871년에는 조선과의 외교 교섭을 시도하기 위해 입국했지만 성과 없이 귀국하였다. 이후 1877년에는 조선 주재 대리공사로 임명되었고, 1880년에는 초대 조선 주재 정

035 _주한 일본공사

오토리 게이스케

식공사로 승진하여 본격적인 조선 외교에 나섰다. 1882년 임오군란이 발생하자 일본으로 일시 귀국하였으나, 곧이어 사태 수습을 위한 전권을 위임받아 조선에 재파견되었다. 그는 제물포조약을 체결하여 조선 정부로부터 일본의 손해 배상과 함께 한성 내 일본군 주둔을 인정받는 데 성공하였다. 그러나 임오군란 당시 일본 공사관을 제대로 방어하지 못한 책임을 지고 조선 주재 공사직에서 사임하였으며, 1883년 주 러시아 공사로 전보되었다. 이후 궁내성차관을 지냈고, 1911년에는 추밀원 고문관에 임명되었으며, 1912년에는 일본 적십자사 총재로 임명되면서 말년까지 공직에 몸담았다.

○ 청일 전쟁 당시의 공사 남작 오토리 게이스케(大鳥圭介, 1833~1911)

일본의 정치가이자 외교관으로 1889년 주청국 특명전권공사를 역임한 후, 1893년에는 조선 공사를 겸임하게 되어 1894년 6월 조선에 부임하였다. 부임 직후, 그는 당시 거류민 보호를 명분으로 조선에 주둔 중인 일본군을 배경으로 고종에게 내정 개혁 방안 5개 조를 제출하였다. 그러나 조선 정부는 청나라를 포함한 대외적 입장을 고려하여 이를 받아들이지 않았다. 이에 오토리는 주둔 일본군을 동원하여 경복궁을 점령하고, 대원군을 맞아들여 섭정이라는 명목 하에 내정 개혁을 단행하였다. 그 결과 김홍집 내각이 성립되었고, 청일 전쟁이 발발하면서 결국 1894년 10월 11일 공사에서 해임되었다. 귀국 후 추밀고문관에 임명되었으며, 1900년에는 남작 작위를 받았다.

035 _주한 일본공사

이노우에 가오루

○ 청일 전쟁 후의 공사 후작 이노우에 가오루(井上馨, 1836~1915)

죠슈번(長州藩) 출신의 사무라이로 1860년대에는 이토 히로부미와 함께 양이운동(攘夷運動)을 전개하며 영국 공사관 습격에도 가담한 급진파였다. 그러나 이후 외국 유학을 거쳐 친서구적 개화파로 전향하였고 메이지유신 후 정권 핵심 인사로 활동하였다. 1876년, 그는 구로다 기요타카와 함께 특명전권 부변리대신으로 내한하여 운요호 사건을 빌미로 조선 정부에 책임을 추궁하고 강화도조약 체결을 주도했다. 1884년에는 전권대사로 조선을 다시 방문하여 갑신정변 이후 체결된 한성조약을 주도하였다. 이후 1885년 제1차 이토 내각에서 외무대신, 구로다 내각에서 농상무대신, 1892년 제2차 이토 내각에서 내무대신을 지냈다. 청일 전쟁 발발 후에는 자원하여 주한 특명공사로 부임하였다. 동학농민운동이 본격화되자 그는 일본군을 앞세워 농민군을 무력 진압하였다. 1895년 을미사변(명성황후 시해사건) 직후 조선 내외의 격렬한 반발이 일자, 특파대사로 다시 조선에 파견되어 사건 관련자 전원을 일본으로 송환시키고 국내 처벌을 회피시켰다. 1898년 제3차 이토 내각의 대장대신 등을 역임하였고 1901년 제4차 이토 내각 붕괴 후 2개월 간 총리 대리도 역임하였다. 정계 은퇴 후에도 미쓰이 재벌의 종신 고문으로 경영에 깊이 관여하며 정,재계를 아우르는 거물로 활동했다.

035 _주한 일본공사

하야시 곤스케

○ 러일 전쟁 전후의 공사 남작 하야시 곤스케(林權助, 1860~1939)

일본의 외교관으로서 조부의 사무라이 동료였던 사쓰마번 출신의 군인 고다마 사네후미(兒玉實文)의 후원 아래 성장하였다. 1887년 외무성에 들어간 후 인천, 상하이 총영사 등을 역임하며 외교 경험을 쌓았다. 1899년 주한 일본공사로 부임한 뒤 일제의 대한제국 침략 외교를 주도하였다. 러일 전쟁 직전인 1904년 1월 한일의정서 체결을 시작으로 같은 해 8월에는 제1차 한일협약, 이듬해인 1905년에는 을사늑약 체결까지 모두 그의 주도 아래 이루어졌다. 이 공로로 1907년 일본 정부로부터 남작에 서임되었다. 그 후 주청 공사(1906), 주이탈리아 대사(1908)를 지냈으며, 1920년에는 주영 대사로 재부임하여 1921년 국제연맹 총회 및 근동 평화회의에서 일본 대표단 일원으로 참가하였다. 1928년 장작림 폭살 사건 이후 일본 정부는 그를 장학량 설득에 파견하였고, 1929년에는 궁내성 식부장관을 역임하였다.

035 _최초의 공사관과 최후의 공사관

최초의 경성 일본공사관(서문 밖 청수관)

○ 최초의 경성 일본공사관(서문 밖 청수관)

1879년 조선 내 일본공사관 설치가 결정되면서 주조선 대리공사로 부임한 하나부사 요시모토(花房義質)는 돈의문 밖 천연동에 위치한 경기중군영을 공사관으로 삼아 입주하였다. 이 건물은 '청수관(淸水館)'이라는 별칭으로도 불렸다. 이듬해인 1880년, 일본 정부는 하나부사를 정식 공사로 임명하였고 청수관은 공식적인 일본공사관으로서의 지위를 갖게 되었다.

임오군란 때 불탄 후 그 자리에는 일본 불교 종파 중 하나인 정토진종 대곡파에 의해 향상회관(向上會館)이란 건물이 들어섰다. 현재는 동명여자중학교가 자리하고 있다.

현재는 동명여자중학교가 있는 옛 경성 일본공사관(서문 밖 청수관)

035 _최초의 공사관과 최후의 공사관

최후의 경성 일본공사관(남산 녹천정)

○ 최후의 경성 일본공사관(남산 녹천정)

1882년 임오군란으로 인해 일본공사관이 불에 타자 일본 정부는 교동에 새로이 공사관을 지었는데, 이 또한 한 달 만에 화재로 소실되었다. 결국 갑신정변의 결과로 체결된 1885년의 한성조약에 따라 조선 정부가 대체 부지로 제공한 땅에 일본공사관이 지어졌다. 흔히 '왜성대(倭城臺)'라는 지명으로 불렸던 곳으로 지금의 예장동 일대가 포함된 지역이었다.

이후 을사늑약에 따라 1906년 2월 통감부가 설치되자 일본공사관은 통감관저로 전환되었다. 1907년 일본 황태자 요시히토(嘉仁)가 4일간 머물며 숙소로 이용했던 곳이면서 1910년 8월 22일 소위 병합조약이 체결되었던 곳이기도 하다.

경성 일본공사관(남산 녹천정)이 있었던 예장동 일대

036 _병합 전 일본 주요 관료

사이고 다카모리

구로다 기요타카

○ 사이고 다카모리(西鄉隆盛, 1828~1877)

에도 막부 말기에서 메이지 유신기에 걸쳐 활약한 무사이자 정치가로 사쓰마번의 중심 인물이었다. 그는 전국의 존왕양이파와 연계하여 막부 타도 운동을 주도하였으며 1866년에는 조슈번과 사쓰마·조슈 동맹을 성사시켜 정치적 전환의 계기를 마련했다. 1867년 11월에는 도쿠가와 요시노부(德川慶喜)를 정계에서 물러나게 하는 데 핵심적인 역할을 하였고, 이듬해 보신 전쟁(戊辰戰爭)에서는 신정부군의 총사령관으로서 구막부군을 격파하였다.

1873년에는 조선이 일본의 국서를 거부한 것을 모욕으로 간주하고 무력 응징을 주장하는 정한론(征韓論)을 내세웠다. 그는 자신이 특사로 조선에 파견될 것을 자원하였는데 만일 조선에 의해 살해된다면 그것을 정한(征韓)의 계기로 삼을 것을 주장하였다. 하지만 서구 시찰을 마치고 귀국한 인사들의 반대에 부딪혀 계획이 좌절되었다. 이후 정계를 떠난 그는 1877년, 가고시마에서 정부에 반기를 든 세이난(西南) 전쟁의 지도자로 추대되어 도쿄 진격을 시도하였다. 그러나 정부군과의 전투에서 패배를 거듭한 끝에, 같은 해 9월 가고시마에서 자결하였다.

○ 강화도조약 당시 전권대사 구로다 기요타카(黑田清隆, 1840~1900)

사쓰마번의 무사로서 막부 말기 사쓰마·조슈 동맹을 위해 활발히 활동했던 인물이다. 보신전쟁에서는 신정부군의 참모로서 중요한 지휘를 맡기도 했다. 이후 1876년 운요호 사건을 계기로 조선과

036 _병합 전 일본 주요 관료

이와쿠라 도모미

이노우에 요시카

강화도조약을 체결한 일본의 주요 외교 담당자였다. 이 조약은 일본이 조선과 외교 관계를 맺기 위해 강제로 체결된 것으로, 구로다는 이를 통해 조선과 일본 간의 외교 관계를 재편성하여 일본의 이익을 도모하는 데에 중요한 역할을 했다. 1888년에는 내각 총리대신을 역임하기도 하였다.

○ 이와쿠라 도모미(岩倉具視, 1825~1883)

메이지 유신 시기에 활동했던 일본의 공가 출신 정치인으로 메이지 정부의 핵심 인물이었다. 1871년에 이와쿠라 사절단의 단장을 맡아 서구 문물을 시찰하고 돌아와 일본의 근대화에 크게 기여했던 인물로 잘 알려져 있다. 사절단 귀국 후 일본 내에서 정한론(征韓論)이 강하게 대두되었지만, 그는 성급한 조선 침략보다는 일본의 내정 강화가 우선임을 주장했다.

○ 운요호 사건 당시의 함장(해군대장) 이노우에 요시카(井上良馨, 1845~1929)

사쓰마 출신의 해군 군인으로 사쓰에이 전쟁과 보신 전쟁에 참가했으며, 메이지 시대에는 해군 중장, 해군대신 등을 역임했던 인물이다. 1874년 10월, 운요호의 함장이 된 이노우에는 1875년 운요호 사건의 핵심 인물이었다. 정한론자였던 그는 조선을 압박하기 위해 고의적으로 부산에 진입하였으며 도발적인 포격 훈련, 무단 해양 측량을 실시하면서 조선 서해안으로 진출했다. 1875년 9월 15일, 조선의

036 _병합 전 일본 주요 관료

미우라 고로

하기와라 모리이치

강화도 포대가 반격하자 이노우에는 즉시 응사하여 포대를 함락시켰다. 이것이 운요호 사건이며 이후 이를 구실로 1876년 강화도 조약이 체결된다.

O 을미사변 당시의 공사 자작 미우라 고로(三浦梧樓, 1847~1926)

조슈번 출신으로 일본 육군 군인이자 정치가였다. 1895년 조선국 주재 일본 특명전권공사로 임명되었다. 공사관 부무관으로 조선 정부 군부 고문이었던 구스노세 유키히코(楠瀨幸彦) 중좌 등의 협력을 얻어 일본어 신문 『한성신보』의 사장이던 아다치 겐조(安達謙蔵)와 구니토모 시게아키(國友重章)에게 명성황후 살해를 교사했다. 같은 해 10월 8일 새벽, 구니토모를 포함한 자객들이 무장한 채 경복궁에 침입하여 명성황후를 시해하는 을미사변이 발생했다. 사건 직후 미우라를 포함한 관련자 48명이 체포되어 히로시마로 송치되었고 구금 상태에서 조사를 받았다. 그러나 1896년 예심과 군법회의의 결과 히로시마 지방재판소는 피고인 일부가 명성황후 살해를 결의하고 후궁에 침입한 사실은 인정했지만, 실제로 누가 살해를 실행했는지에 대한 충분한 증거가 없다는 이유로 전원 면소 판결을 내렸고 미우라를 포함한 12명은 석방되었다.

● 러일 전쟁 당시의 공사관 서기관 외무성 통상국장 하기와라 모리이치(萩原守一)

036 _병합 전 일본 주요 관료

후루이치 고이 　　　　하야시 다다스 　　　　오시마 요시마사

가토 마스오 　　　　노즈 진부

○ 청일 전쟁 혼성(混成)여단장(대장) 오시마 요시마사(大島義昌, 1850~1926)

1894년 동학농민운동 때 일본군을 이끌고 조선에 상륙해 경복궁을 무단 침입했던 인물이다. 그의 손녀가 전 자민당 간사장 아베 신타로(安倍晋太郎)의 어머니이다. 따라서 오시마는 전 총리였던 아베 신조(安倍晋三)의 외증조부에 해당된다.

○ 한일신협약 당시의 외무대신 하야시 다다스(林董, 1850~1913)

1902년 제1차 영일동맹 체결의 주역이었으며 1905년의 제2차 영일동맹 체결로 인해 일본 최초의 대사가 되었다. 1906년 제1차 사이온지 내각의 외무대신으로 입각하여 한일신협약(1907) 및 프랑스, 러시아와의 굵직한 외교 조약을 다수 체결하였다. 이를 통해 한국에 대한 지배 강화와 만주 이권 정리, 열강과의 협조 기반을 확립하였다.

● 경부철도건설 당시 수뇌 후루이치 고이(古市公威)

○ 전 군부 고문 노즈 진부(野津鎭武)

제1차 한일협약 이듬해에 한국 정부가 자진 초청한다는 형식을 빌어 군사고문으로 왔던 인물이다.

● 전 궁내부 고문 가토 마스오(加藤增雄)

036 _병합 전 일본 주요 관료

쓰루하라 사다기치

메가타 다네타로

이시카와 고쿠다이

○ 전 재무 고문 남작 메가타 다네타로(目賀田種太郎, 1853~1926)

1904년 제1차 한일협약에 따라 대한제국의 재정고문으로 파견되었던 인물이다. 그는 한국 재정을 일본에 종속시키려는 목적으로 화폐제도 개혁에 착수했다. 특히 화폐정리사업을 통해 한국의 화폐주권을 침탈하고 경제적 지배력을 강화하려 했다. 이후 통감부가 설치되자 재정감사장관으로도 활동했으나 대한제국의 재정 상황을 개선하지 못해 이토 히로부미의 불신을 샀고, 결국 1907년 고문직에서 물러났다.

○ 초대 통감부 총무장관 쓰루하라 사다기치(鶴原定吉, 1857~1914)

1901년 제2대 오사카 시장으로 취임하였으며 1905년 이토 히로부미의 추천으로 한국 통감부 초대 총무장관에 임명되었다. 1907년 한일신협약 체결을 주도하였으며 1907년부터는 대한제국 궁내부차관도 겸임하였다.

● 경의선 건설의 기사장 이시카와 고쿠다이(石川石代)

037 _기념 촬영3

일본인소학교 교장회 출석자(1909년)

통감관저에서 보통학교 교감(1907년)

037 _기념 촬영3

통감부 인사과 직원(1909년)

이사청 지방행정관리

● 1909년 1월 이사청 민단사무 주임자회의 즈음 촬영.
  중앙에 이시즈카(石塚) 참여관

038 _북관대첩비와 조선의 국보

조선의 국보

● 도요토미 히데요시가 사용하던 군선(軍扇)과 비슷한 진주로 된 둥근 부채

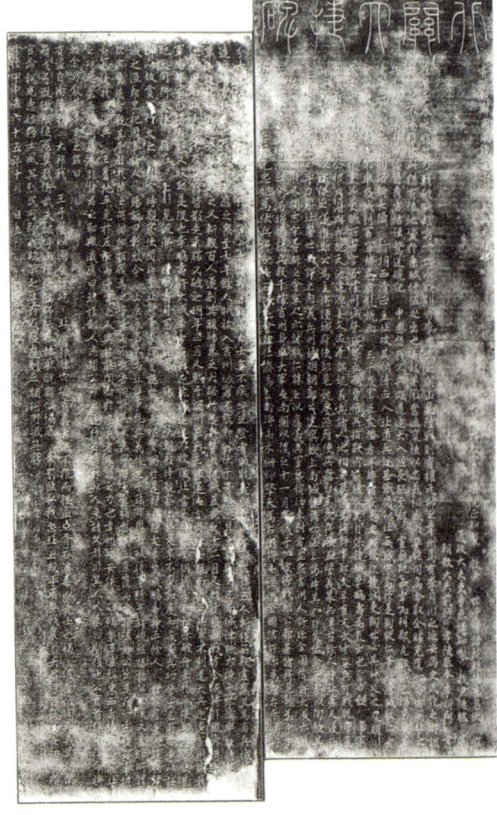

북관대첩비

● 성진 부근의 임명역(臨溟驛)에 세워져 있던 비석은 가토 기요마사(加藤淸正)를 격퇴했다는 내용이다.

○ 북관대첩비

북관대첩비는 임진왜란 중 정문부 장군이 이끈 함경도 의병이 가토 기요마사 등 일본군을 물리친 북관대첩을 기념하기 위해 1707년(숙종 34년) 함경북도 길주군 임명리에 세워진 승전비이다. 1592년 9월부터 1593년 2월까지 이어진 이 전투는 관북 지역을 수복하고 일본군을 몰아낸 성과를 거두었으며, 평양성 전투와 더불어 전쟁의 주도권을 조선 측으로 되돌리는 중요한 전환점이 되었다.

1905년 러일 전쟁 중 일본 제2사단 소장인 이케다 쇼스케가 비석을 강제 철거해 일본으로 반출하였고, 이후 야스쿠니 신사에 보관되었다. 그러다가 1978년 재일 한국인 학자 최서면이 야스쿠니 신사에서 비석을 발견한 뒤 한국 정부와 민간 단체는 반환을 요청하기 시작했다. 이에 2005년 3월, 한일 불교복지협의회와 북한 조선불교도연맹 간에 남북 합의가 이루어졌으며 6월 한일 정상회담에서 일본 측의 반환 동의가 이루어졌다. 비석은 일단 서울로 와서 국립중앙박물관에 전시되었으며 2006년에는 원래의 자리인 북한의 함경북도 김책시 임명리로 반환되었다.

039 _국새와 필적

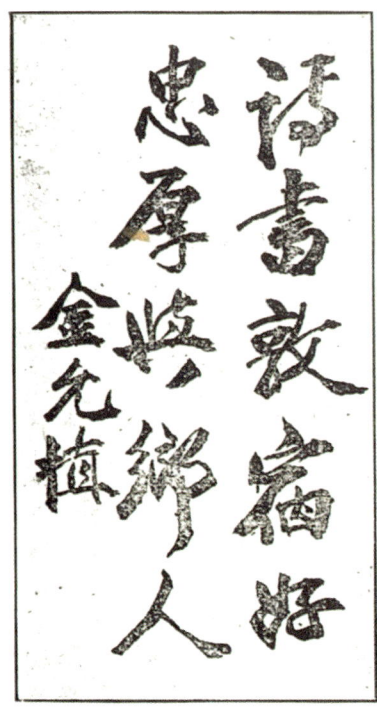

김윤식의 필적

순종 황제의 수결

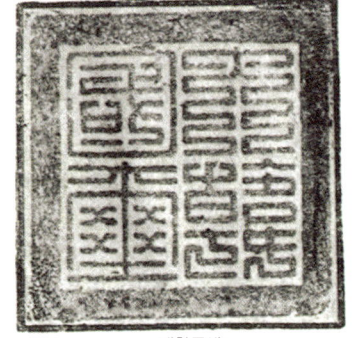

대한국새

○ 순종 황제의 수결

수결(手決)은 주로 관직이 있는 사람들이 증명이나 확인을 위하여 문서에 자신의 이름 또는 직함 밑에 도장 대신 붓으로 글자를 흘려 쓰는 것을 말한다. 임금의 수결은 어압(御押)이라고도 한다.

039 _국새와 필적

고종 황제의 친필

이완용의 필적

○ 고종 황제의 친필

대한 아미타본원사는 일제 강점기 때 경성별원에 설치되었던 개교감독부(開敎監督部)의 이름이며, 고종 황제로부터 '대한아미타본원사'라는 편액을 하사받았다. 이 절은 진종대곡파 소속으로 1907년 3월에 설치되었고, 천황의 위패인 천패와 조선 왕실의 존패를 봉안했다. 1927년에는 진종대곡파 조선 개교 50년 기념법요를 열기도 했다.

039 _국새와 필적

송병준의 필적

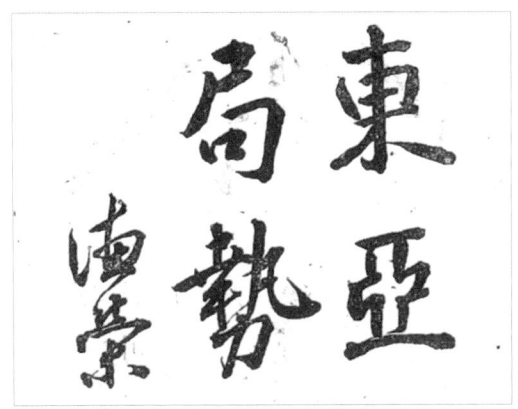

윤덕영의 필적

039 _국세와 필적

조중응의 필적

040 _조선의 명사(名士)1

이재극

이준용

권중현

이근상

김가진

● 이준용(李埈鎔)

○ 이재극(李載克, 1864~1927)

대한제국기 법부대신, 학부대신, 궁내부대신 등을 역임한 관료로 친일반민족행위자이다. 1910년 병합 청원을 주도하기 위해 조직한 정우회와 국민대연설회에 각각 부총재와 부회장으로 참여하였다.

○ 김가진(金嘉鎭, 1846~1922)

개항기 농상공부대신, 중추원 의장 등을 역임한 관리로 1910년 일제로부터 남작(男爵)의 작위를 받았지만 반납하고, 비밀결사 조직인 조선민족대동단의 총재가 되어 상해로 건너가 독립운동을 하였다. 대한민국임시정부의 고문으로 추대되었다.

○ 이근상(李根湘, 1874~1920)

대한제국기 중추원 부의장, 궁내부 특진관, 궁내부대신 등을 역임한 관료로 친일반민족행위자이다. 1910년 병합 조약 체결에 기여하여 남작 작위를 받았으며 조선총독부 중추원 고문과 조선식산은행 감사를 지냈다. 을사오적 이근택의 동생이다.

○ 권중현(權重顯, 1854~1934)

1905년 농상공부대신으로서 을사늑약 체결에 찬성했던 을사오적 중 한 사람이다. 1910년에 일본 정부로부터 자작의 작위를 받았으

040 _조선의 명사(名士)1

이근택

박영효

이재순

며, 조선총독부 중추원 및 조선사편수회의 고문 등을 역임했다.

○ 이근택(李根澤, 1865~1919)

대한제국기 군부대신, 궁내부 특진관 등을 역임한 관료로 친일반민족행위자이다. 1905년 군부대신으로 을사늑약의 체결에 찬동한 을사오적 중 한 사람이다. 1910년 경술국치에 협조하여 일본으로부터 자작의 작위를 받고 조선총독부 중추원 고문이 되었다.

○ 이재순(李載純, 1851~1904)

조선 후기와 대한제국 시기의 왕족이자 관료로서 1895년 고종을 경복궁 밖으로 옮기려다 실패했던 춘생문 사건으로 체포되어 태형과 징역형을 받았다. 1899년 육군 부장, 표훈원 의정관, 군부대신 대리를 역임하였다.

○ 박영효(朴永孝, 1861~1939)

급진개화파의 일원으로 갑신정변을 일으켰으나 실패하여 김옥균과 함께 일본에 망명했다가 김홍집과 갑오개혁을 추진했다. 1909년 친일단체인 신공봉경회 총재에 선임된 이후 친일반민족행위자의 길을 걸었다. 일제강점기 후작, 일본제국의회 귀족원 칙선의원 등을 역임한 대표적인 친일반민족행위자이다.

040 _조선의 명사(名士)1

민영휘

이지용

김성근

○ 이지용(李址鎔, 1870~1928)

대한제국기 학부대신, 내부대신, 중추원 고문 등을 역임한 관료로 친일반민족행위자이다. 1903년 일본국 특명전권공사로서 일본과 밀약을 체결하는 데 앞장섰으며 1905년 을사늑약 체결을 주도한 을사오적 중 한 사람이다. 강제 병합 후에 백작 작위를 받았으며 불교옹호회의 고문, 조선귀족회의 이사, 동민회의 고문 등으로 활동하였다.

○ 민영휘(閔泳徽, 1852~1935)

조선 말기와 일제강점기의 관료 및 정치인으로 대표적인 친일반민족행위자이다. 을사늑약 전후 고종 양위를 주도했으며 친일단체인 신궁봉경회, 정우회 활동 등을 통해 병합 찬성 운동에 적극 참여하였다. 강제 병합 후 일본 정부로부터 자작 작위를 받았다. 일제 강점기에 한일은행 은행장, 동일은행 고문을 지냈으며 조선식산은행 설립에 참여하였다.

○ 김성근(金聲根, 1835~1919)

조선 말기와 대한제국기의 고위 관료로서 친일반민족행위자이다. 1894년 개화파 정권이 들어서자 관직에서 물러났다가 1900년 의정부 참정, 1902년에는 탁지부대신을 지냈다. 병합에 대한 공로로 일본 정부로부터 자작 작위를 받았으며 한국병합기념장을 받았다.

040 _조선의 명사(名士)1

윤덕영

송병준

민영소

이병무

○ 송병준(宋秉畯, 1858~1925)

　조선 말기와 대한제국기의 고위 관료로서 정치, 경제, 언론 등 다방면에서 일본에 적극 협력했던 친일의 상징적 인물이다. 1904년 일진회를 창립하여 을사늑약 전 '보호청원선언서'를 발표하였으며 1907년 정미조약 체결을 주도했던 '정미7적' 중 한 사람이다. 이후 농상공부대신, 내부대신을 역임했으며 강제 병합 후 백작 작위를 받고 중추원 고문, 『조선일보』, 조선농업, 고려요업 사장 등을 지냈다.

● 윤덕영(尹德榮)

○ 이병무(李秉武, 1864~1926)

　대한제국 시기 군인으로 친일반민족행위자이다. 1907년 군부대신 및 육군부장으로서 대한제국 군대 해산을 주도하였다. 1908년 이토 히로부미가 후원하는 친일 유교단체인 대동학회에 참여하였으며 일제 강점 후 한국병합기념장을 수령하였다.

○ 민영소(閔泳韶, 1852~1917)

　대한제국 고위 관료로서 친일반민족행위자이다. 궁내부대신, 학부대신, 농상공부대신 등 다양한 부처 장관직을 수행하였으며 1909년 임시국민대연설회 발기 및 회장, 1910년 대한평화협회 찬성장으로 활동했다. 일제 강점 후 병합 공로로 자작 작위를 받았으며 한국병합기념장을 수령하였다.

040 _조선의 명사(名士)1

성기운

조동윤

민영기

○ 조동윤(趙東潤, 1871~1923)

　대한제국기 군부대신 대리, 궁내부 특진관, 동궁무관장 등을 역임한 관료 및 군인으로 친일반민족행위자이다. 병합을 위해 군부를 먼저 장악하려는 일본의 계획에 따라 일본 육군을 여러 차례 시찰하고 훈장을 받는 등 친일파로 활동했으며, 친일 단체 일진회에도 가입했다. 일제 강점 후 병합 공로로 남작 작위를 받았으며 일제 통치에 적극 협력하였다.

○ 성기운(成岐運, 1847~1924)

　조선 말기와 대한제국 시기의 관료로서 친일반민족행위자이다. 1906년 농상공부대신에 임명되었으며 1907년 이완용 내각에서 중추원 부의장이 되었다. 일제강점기 일본으로부터 남작 작위를 받았으며 경학원 대제학, 일제의 만주 정책을 지지했던 선만협회 총재 등을 역임했다.

○ 민영기(閔泳綺, 1858~1927)

　대한제국 시기 고관으로 일제에 협력한 친일반민족행위자이다. 김홍집 내각에서 조사시찰단으로 일본에 파견되었고 귀국 후 탁지부대신과 농상공부대신을 역임했다. 대한제국기 안경수 사건에 연루되어 유배형을 받았는데 이후 재임용되어 중추원 고문, 동양척식회사 부총재 등을 지냈다. 일제강점기 일본에 협력한 대가로 일본 정부의 남작 작위를 받았다. 조선총독부 중추원 고문, 이왕직 장관 등을 역임하였다.

041 _조선의 명사(名士)2

한규설

이종건

이용원

○ 이종건(李鍾健, 1843~1930)

　조선 말기의 무신이자 대한제국의 고위 관료로, 박정양 내각에 참여하고 헌법적 성격을 지닌 「대한국국제」 제정에 관여하는 등 대한제국기의 주요 정치 과정에 깊이 관여하였다. 이후 농상공부대신, 강원도관찰사, 군부대신 등을 역임하였다. 1910년 병합에 대한 공로로 일본 정부로부터 남작 작위를 받아 법적으로는 친일반민족행위자로 간주될 수 있는 행적을 남겼다. 1919년 3·1운동 이후 그는 작위와 은사공채의 반납 의사를 표명했으나, 조선총독부는 이를 받아들이지 않아 형식상 작위를 유지하게 되었다.

○ 한규설(韓圭卨, 1848~1930)

　조선 말기와 대한제국기의 고위 관료로서 1905년 의정부 참정대신이 되어 이토가 강행하려 했던 을사늑약을 앞장서서 반대하였다. 이로 인해 일제에 의해 감금되고 면직되었으나, 이후 징계에서 풀려나 중추원 고문과 궁내부 특진관 등을 지냈다. 국권이 피탈된 뒤에는 일제가 남작 작위를 수여하려 했지만 이를 거절하였다. 1920년에는 이상재 등과 함께 조선교육회를 창립하였고, 이는 민립대학기성회로 이어졌다.

○ 이용원(李容元, 1832~1911)

　조선 말기와 대한제국기의 고위 관료로 친일반민족행위자로 규정된 인물이다. 1902년 궁내부 특진관에 임명되었으며 1908년에는 규

041 _조선의 명사(名士)2

이정로

이윤용

남정철

장각 대제학에 올랐다. 그러나 국권 피탈기에 이토 히로부미 환영회에 참석하고 송덕비 창건에 참여하는 등 친일 행보를 보였으며, 국민협성회와 한국평화협회 활동을 통해 병합을 지지하였다. 1910년에는 일제로부터 남작 작위를 받았으며 사망 후 손자가 작위를 계승하였다.

○ 이정로(李正魯, 1838~1923)

조선 말기와 대한제국기의 고위 관료로 친일반민족행위자로 규정된 인물이다. 1900년부터 1907년까지 경효전 제조, 궁내부 특진관, 시종원경 등을 역임하였다. 1909년 통감 이토 히로부미 송영회에 참석하여 칭송하는 한시를 짓기도 하였다. 일제 강점 이후 병합에 관한 공로를 인정받아 남작 작위를 받았다.

○ 남정철(南廷哲, 1840~1916)

조선 말기와 대한제국기의 고위 관료로 일제강점기 친일반민족행위자로 규정된 인물이다. 1902년부터 1907년까지 궁내부 특진관, 장례원경, 홍문관 학사 등을 역임하였으며, 1909년에는 국민대연설회 발기인으로 참여하였다. 1910년에는 평화협회 회장으로 활동하며 병합을 지지하였고, 일제 강점 이후 남작 작위를 받았다.

○ 이윤용(李允用, 1855~1938)

조선 말기와 대한제국기의 고위 관료이자 대표적 친일반민족행위

041 _조선의 명사(名士)2

김영전

민상호

자이다. 대한제국 시기 궁내부 특진관, 시종원경, 내대신사무, 군부대신 등 주요 관직을 역임했으며, 인천우선회사, 호남철도회사, 한성은행 등 경제 분야에도 관여하였다. 1909년 이후 이토 히로부미의 송덕비 설립을 주도하였고, 국시유세단 단장 등으로 활동하며 병합 정당화에 적극 협력하였다. 일제강점기에는 일제로부터 남작 작위를 받았고 조선총독부 중추원 고문으로 재직하면서 대정친목회, 조선국방의회연합회, 조선불교단 등 여러 친일 단체에서 고문, 회장으로 활동하였다.

○ 민상호(閔商鎬, 1870~1933)

조선 말기와 대한제국기의 관료이며, 일제강점기 친일반민족행위자로 규정된 인물이다. 미국 유학파 출신으로 초기에는 개화파, 친미 세력으로 활동했으나 이후 일제에 협력하는 행보로 전환하였다. 국권 피탈 후 일본 정부로부터 남작 작위를 받았으며 조선총독부 중추원 고문, 참의를 역임하며 식민 통치에 협력하였다. 동양협회, 불교옹호회, 조선물산공진회 등 친일 단체에도 적극 참여하였다.

○ 김영전(金永典, 1837~?)

조선 후기에 활동한 문신으로 주로 왕실 의전 관련 관직을 맡아 종묘와 궁중의 제례를 담당하였다. 말기까지 황태자를 보필하며 왕실 전통을 유지하는 역할을 수행했다.

041 _조선의 명사(名士)2

윤용선

조종필

민영환

조병식

○ 조종필(趙鍾弼, 1840~?)

조선 후기 문신으로 다양한 요직을 두루 거치며 1901년 장례원경으로 정2품 정헌대부에 승진하였다. 이후 충청남도 및 황해도 관찰사, 지계아문감독 등 행정 실무자로 활동하였다.

● 윤용선(尹容善)

○ 조병식(趙秉式, 1823~1907)

조선 말기와 대한제국기의 고위 관료로 1888년 함경도 관찰사 재임 중 조선과 러시아 간의 육로 통상 장정을 체결하였다. 1889년에는 방곡령을 실시해 일본과 외교 분쟁을 초래하였고, 이후 황국중앙총상회 회장으로서 독립협회 해산을 주도하였다. 그 뒤 중추원 의장, 탁지부대신, 주일특명전권공사, 참정대신 등을 역임하였다.

○ 민영환(閔泳煥, 1861~1905)

대한제국기 내부대신, 군법교정총재 등을 역임한 문신이다. 러시아 황제 대관식 특명전권공사와 유럽 6개국 특명전권공사로 서양 문물과 근대화를 직접 경험했으며, 독립협회를 적극 지지했다. 일제의 내정 간섭에 항거하며 한직을 전전하다가 1905년 을사늑약 강제 체결에 반대해 을사오적 처형과 조약 파기를 요구하는 상소를 올렸다. 이후 일제의 압박 속에서도 끝까지 항의하다가 자결하여 국민 각성을 촉구하였다.

041 _조선의 명사(名士)2

민영철   민종묵

이승우

○ 민종묵(閔種默, 1835~1916)

조선 말기 고위 관료로 이조참판, 사헌부 대사헌, 형조판서 등을 역임했다. 1881년 조사시찰단으로 일본에 파견되어 근대적 조약과 통상 제도를 조사하였다. 국권피탈 후 일본으로부터 남작 작위를 받고 일제 강점기 동안 작위를 유지했다. 일제에 협력한 친일반민족 행위자로 평가된다.

○ 민영철(閔泳哲, 1864~?)

조선 후기 문신으로 1895년 궁내부 특진관에 임명되고, 황해도와 전라도관찰사를 지냈다. 이후 경무협판 겸 직제학, 참찬으로 승진했다. 1901년 회계검사총장과 비서원경을 겸임했고 1902년 군부대신이 되어 육군부장, 군무총장, 철로총재를 역임하였다.

○ 이승우(李勝宇, 1841~1914)

조선 말기와 대한제국기의 관료로 1894년 전라도관찰사로서 동학교도에 대항하는 군사 활동을 했다. 을미개혁 때 홍주부관찰사로 임명되어 의병을 해산시키는 역할을 했다. 이후 궁내부 특진관 등을 역임했으며 1909년 팔괘장 훈장을 받고 1910년 규장각 제학에 올랐다.

041 조선의 명사(名士)2

신기선

민영선

한창수

○ 민영선(閔泳璇, 1815~?)

조선 후기 문신으로 1901년 궁내부협판과 철도원감독 칙임관, 지계아문부총재를 지냈다. 1904년 동지돈녕원사와 예식원부장을 거쳐 1905년 충청북도 관찰사에 임명되었고, 이후 경상남도 관찰사와 봉상시 제조를 역임했다. 1906년 중추원 찬의가 되었다.

○ 신기선(申箕善, 1851~1909)

조선 말기 온건 개화파 문신으로 1884년 갑신정변 때 개화당 내각의 이조판서 겸 홍문관제학으로 참여했다가 유배되기도 하였다. 을미의병 시기 선유사로 활동하였으며 단발, 태양력 사용, 청나라에 대한 조공폐지 등을 반대하다 독립협회와 갈등을 빚기도 했다. 1903년 철도원총재, 1904년 보안회 회장으로 활동했으며 1907년 민병석, 이용직과 함께 대동학회를 창립했다.

○ 한창수(韓昌洙, 1862~1933)

조선 말기와 일제강점기의 관료로, 친일반민족행위자로 평가받는 인물이다. 1907년 일본 황태자 도한 봉영위원으로 활동하며 훈장을 받았고, 1908년에는 동양협회 회원으로 친일 행보를 이어갔다. 병합 공로로 남작 작위를 받았으며, 중추원 찬의와 고문, 이왕직 장관 등을 역임하였다. 조선불교단 활동과 내선융화 정책에도 협력했으며, 퇴임 후에는 일본 궁내성 궁중고문관으로 임명되었다.

042 _주요한 일본의 관민(官民) 1

우사가와 가즈마사

요시하라 사부로   이치하라 모리히로

○ 동양척식회사 총재 남작 우사가와 가즈마사(宇佐川一正, 1849~1927)

1908년 일본이 조선을 식민지로 삼고 토지를 수탈하기 위해 설립한 동양척식회사의 초대 총재를 지낸 인물이다. 본래 군인 출신으로 러일 전쟁 시기 군무국장을 지내는 등 일본 육군의 주요 직책을 거쳤다. 동양척식회사 총재 이후 1917년 귀족원 남작 의원에 선출되었다.

○ 한국은행 총재 이치하라 모리히로(市原盛宏, 1858~1915)

1895년 일본은행에 입행한 뒤 제1은행 요코하마 지점장과 요코하마 시장을 거쳐 한국은행 초대 총재를 역임한 인물이다. 일본 근대 금융 및 식민지 금융통치 체제 형성에 관여한 핵심 인물 중 한 명으로 한국은행의 창립과 운영을 주도한 인물이다.

○ 동양척식회사 부총재 요시하라 사부로(吉原三郎, 1854~1916)

메이지 정부의 고위 관료로서 퇴임 후인 1908년 동양척식회사의 부총재에 임명되었으며 1913년 총재로 취임하여 1916년까지 재임하였다. 이 시기 조선과 만주 등의 식민지 개발 및 이민, 토지 수탈 등에 관여하였다.

042 _주요한 일본의 관민(官民)1

시부사와 에이이치

○ 제일은행 대표(頭取) 남작 시부사와 에이이치(澁澤榮一, 1840~1931)

　일본 자본주의의 설계자로 불리는 인물로, 1873년 대장성 관료직에서 물러나 민간 경제인으로 활동을 시작했다. 그는 일본 근대 금융의 중심 기관인 제일은행을 설립하고 이를 거점으로 다양한 사업 분야에 진출하였다.

　제일은행은 1878년 부산을 시작으로 인천, 서울 등 조선의 주요 도시에 지점을 설립하며 조선 내 금융 시장을 장악해 나갔다. 당시 대한제국에는 근대적인 중앙은행이 부재했기 때문에 제일은행은 사실상의 중앙은행 역할을 하게 되었고, 1902년에는 조선 최초의 근대적 은행권인 제일은행권을 발행하였다. 백동화가 저평가되던 상황에서 이 은행권은 사실상 법정화폐처럼 유통되었다. 이로 인해 많은 조선 상인들이 피해를 입었으며 조선 경제는 점차 일본에 종속되기 시작했다. 특히 주목할 점은, 이 시기에 발행된 제일은행권에 당시 은행장이던 시부사와 에이이치의 얼굴이 담겼다는 사실이다. 최근에는 그의 얼굴이 그려진 일본의 1만 엔권 지폐가 발행되면서 다시 주목받고 있다.

　또한 시부사와는 경인철도합자회사와 경부철도주식회사의 사장을 역임하며 경인선과 경부선 철도 건설에도 중추적인 역할을 했다. 이 철도들은 훗날 일제의 식민지 수탈을 위한 주요 인프라로 활용되었다.

042 _주요한 일본의 관민(官民) 1

야마구치 다헤에 　　　　　와다 쓰네이치

○ 경성거류민단 의장 와다 쓰네이치(和田常一)

조선상업은행 6대 주주이자 사업가로서 조선의 고미술에 관심이 많은 인물이었다. 원주 법천사 터에서 반출된 지광국사탑을 사들여 자신의 집에 옮겨두었던 인물로 알려져 있다.

○ 경성상업회의소 대표 야마구치 다헤에(山口太兵衛, 1866~1934)

조선에서 무역과 상업 활동을 하며 경성 일본인 사회의 개척자로 평가받고 있다. 1884년 조선에 진출해 군납업, 수출입 무역, 포목상 운영 등을 했고 경성거류민단 활동에도 적극 참여했다. 특히 1888년 제일은행 경성출장소 설립을 주도해 일본 금융기관의 경성 진출을 실현시킨 핵심 인물이었다.

043 _주요한 일본의 관민(官民)2

노구치 고키

아다치 다키지로

하자마 후사타로

오이케 주스케

● 제130은행 부산지점장 아다치 다키지로(足立瀧二郎)

● 제1은행 부산지점장 노구치 고키(野口弘毅)

○ 제1은행 부산지점 등

금리가 높은 조선 시장을 기업 발전의 기회로 본 일본의 은행들은 잇따라 조선에 지점을 설치했다. 부산에도 1876년 제1은행 부산지점을 시작으로 제18은행 부산지점에 이어 제58은행 부산지점이 진출했다. 1909년 제130은행이 제58은행을 흡수합병하였다.

○ 부산 오이케 주스케(大池忠助, 1856~1930)

1875년 부산으로 건너와 여관업으로 시작하여 해운업, 물자 납품업, 부동산업 등으로 사업을 확장하여 막대한 재산을 축적하였던 인물이다. 1915년 중의원 의원에 당선되기도 했지만, 당선 무효가 확정되면서 의원직을 사퇴하였다.

○ 부산 하자마 후사타로(迫間房太郎, 1860~1942)

1880년 무역상회 오백정상점(五百井商店) 지배인으로 부산에 와서 대규모 토지 매입과 개발에 참여하여 부산, 경남뿐만 아니라 전남·북 지역까지 광범위한 부동산을 소유했던 인물이다. 그는 부산상업회의소 회장직을 세 차례, 부산부회와 경남도회 의원직을 네 차례 역임하며, 정치·경제 양면에서 실권을 행사했다. 그가 1929년에 지은

043 _주요한 일본의 관민(官民)2

오쿠다 사다지로

아키모토 도요노신

하라다 뎃사쿠

구와노 료타로

다무라 다모쓰

에바라 슈이치로

가쿠 에이타로

동래별장은 해방 후 미군정청, 부통령 관저, 요정, 한정식집 등으로 활용되며 역사의 흔적이 되어 남아 있다.

● 진남포 민장 하라다 뎃사쿠(原田鐵策)

○ 진남포 이사관 아키모토 도요노신(秋本豊之進, 1873~1934)
대한제국 통감부 진남포(현 남포) 이사관을 거쳐 조선총독부의 관료로 근무하다가 1912년 중의원 의원이 되었다. 이후 조선 철도, 광업, 제조 분야의 일본 기업에서 요직을 맡으며 식민지 경영에 깊이 관여한 대표적인 인물이다.

● 인천 오쿠다 사다지로(奧田貞次郎)

○ 인천 가쿠 에이타로(加來榮太郎)
개항장 인천에 진출하여 미곡과 대두 거래로 부를 축척한 인물이다.

○ 인천 에바라 슈이치로(頴原修一郎)
1902년 인천에서 영국인 월터 베넷과 광행양행이라는 합작무역회사를 만든 인물이다.

● 신막 다무라 다모쓰(田村保)

043 _주요한 일본의 관민(官民)2

아키타 쓰요시

오타 기조

야마자키 도요하루

나가토미 이치노스케

다케우치 간타로

오카모토

시바타 가네카쓰

○ 인천 구와노 료타로(桑野良太郎)

1893년 조선으로 건너와 인천에서 미곡상을 개업하였으며 이후 인천에서 각종 공직에 선출되었다.

○ 진남포 나가토미 이치노스케(長富一之祐)

1895년 간장제조업인 쓰보타상점(坪田商店) 인천지점 사원으로 조선에 건너온 후 독립하여 미곡 등을 일본에 수출하였다. 이후 진남포로 이주하여 선박용 철물상으로 재기했다.

● 원산 야마자키 도요하루(山崎豊治)

● 원산 오타 기조(太田儀三)

○ 인천 아키타 쓰요시(秋田毅)

러일 전쟁 시기에 번 돈으로 인천에서 아키타상회(秋田商會)를 건립하여 해운 및 목재 유통 사업을 했다.

● 전주 일본인 회장 시바타 가네카쓰(柴田兼克)

● 개성 오카모토(岡本) 일본인회장

● 경북도 서기관 다케우치 간타로(竹內卷太郎)

044 _주요한 일본의 관민(官民)3

도키오 젠자부로

와다 유지

○ 인천관측소장 와다 유지(和田雄治, 1859~1918)

　일본의 기상학자로, 일본에서 폭풍 경보와 일기예보 제도의 창시자로 평가된다. 1904년 러일 전쟁 당시 인천의 임시 관측소 소장으로 임명되었고, 이후 조선총독부 관측소장을 역임하였다. 조선에 체류하면서 측우기와 첨성대 등 전통 기상·천문 기구를 조사하였으며, 『조선 고대 관측기록 조사 보고』를 통해 세계에서 가장 오래된 강수량 및 풍향의 장기 관측이 조선에서 이루어졌음을 밝히기도 했다.

○ 영림창장(營林廠長) 도키오 젠자부로(時尾善三郎, 1853~1922)

　일본 육군 군인으로 1904년 러일 전쟁 발발 후 부산에 상륙하여 철도역 및 낙동강 철교 정비, 마산포 매립 등 군사 인프라 개발을 주도하였다. 1908년부터는 통감부 영림창장으로 발탁되어 신의주에 설치된 사무소에서 압록강, 두만강 일대의 군용 목재 수송을 관리했다.

○ 영림창

　영림창은 1907년에 평안도의 압록강, 함경도의 두만강 연안의 삼림을 보호, 관리, 이용하기 위해 설치한 삼림 경영기관을 말한다. 통감부에서 관할하던 영림창은 총독부 체제에서는 영림청으로 바뀌어 이어졌다.

044 _주요한 일본의 관민(官民)3

이마무라 도모

사이토 가네스케

다쓰이치 혼마루

오쿠보 마사히코

● 삼정국(蔘政局) 감시과장 사이토 가네스케(齋藤金祐)

○ 삼정국

종래 군내부 경리원에서 경영하던 홍삼전매사업을 1907년 12월 국고 수입으로 정하고 탁지부 사세국에 삼정국을 두어 이를 관장케 하였다. 이후 1910년에는 독립 관청으로 삼정국을 설치하였다.

○ 경성남부 경찰서장 이마무라 도모(今村鞆, 1870~1943)

1908년 한국으로 건너와서 1910년 통감부 경성남부 경찰서장 등 경찰 간부를 역임하다가 1919년 조선총독부 원산부윤에 임명된 이후 이왕직 사무관으로서 서무과장을 맡았다. 한편 조선의 민속과 풍습에 관심을 갖고 『조선사회고』, 『조선풍속집』, 『조선만담』 등을 출간하기도 하였다.

○ 경성변호사회장 오쿠보 마사히코(大久保雅彦, 1870~1922)

일본의 변호사이자 정치인으로 1892년 변호사 시험에 합격한 이후 조선 경성으로 진출하여 활동하였다. 조선 법조계에서 영향력을 갖고 경성변호사회 회장을 지냈다. 1902년 중의원 선거에서 당선되어 정치 활동도 병행했다. 1919년 3.1운동 당시 손병희 등의 변호인단으로 참여하기도 하였다.

● 변호사 다쓰이치 혼마루(辰市本丸)

044 _주요한 일본의 관민(官民)3

다카하시 쇼노스케

고노오 도라노스케

오카다 사카에

나구사 겐이치로

오사키 구마노죠

혼다 준

○ 변호사 오카다 사카에(岡田榮, 1873~1940)

일본의 변호사이자 정치인으로 대한제국 정부의 법무보좌관을 지냈으며 관직을 그만둔 이후 변호사로 개업했다. 1912년, 1918년 2차례 중의원 의원에 당선되었다.

○ 변호사 고노오 도라노스케(木尾虎之助, 1879~1956)

일본의 변호사이자 정치인으로 1908년 경성에서 변호사 사무소를 열고, 조선광업신보사 사장 등을 지냈다. 1916년 보권선거에서 중의원 의원에 당선되었다. 퇴임 후 조선에 재진출하여 1922년 경성 내지인 변호사회 회장, 경성 종로극장 사장, 이왕가 법률고문 등을 역임하였다. 1919년 3.1운동 당시 손병희 등의 변호인단으로 참여하기도 하였다.

○ 변호사 다카하시 쇼노스케(高橋章之助, 1864~?)

1920년 『종가(宗家)와 조선(朝鮮)』을 출판하기도 하였다.

● 변호사 혼다 준(本田潤)

● 변호사 오사키 구마노죠(大崎熊之丞)

● 경룡토목건축업조합 부조장 나구사 겐이치로(名草源一郎)

044 _주요한 일본의 관민(官民)3

이케다 마사요시

마쓰다 유타카

데라오 마사아쓰

스와 부코쓰

하치야

고토 손

● 흑교철산 주(黑橋鐵山主) 데라오 마사아쓰(寺尾政篤)

● 진남포 마쓰다 유타카(松田豊)

● 광량만 이케다 마사요시(池田政吉)

● 광량만 고토 손(古藤遜)

● 부산 하치야(八谷)

○ 마산 스와 부코쓰(諏訪武骨)

1906년 마산으로 이주하였고 1908년 『마산번창기』, 1926년 『마산항지』를 발간하기도 하였다.

045 _신문 통신 기자 및 특파원

● 병합 당시 재경성 신문 통신기자 및 내지 특파원 기념 촬영

● 전열 오른쪽부터 샤쿠오(釋尾, 조선), 다카무라(高村, 조선통신), 다이(田井, 대판조일), 소기(曾木, 중앙), 요코오(橫尾, 시사), 도카노(戶叶, 조선일보), 우쓰노미야(宇都宮, 경통), 고레쓰네(此經, 일통), 가와바타(川端, 조통), 다테다(楯田, 경일).

● 후열 오른쪽부터 야마구치(山口, 대한매일), 마쓰모토(松本, 시사), 마에다(前田, 조통), 나라자키(楢崎, 대한매일), 히라이와(平岩, 조통), 마키야마(牧山, 일본전보통신), 구마가이(熊谷, 국민), 하나다(花田, 대한), 아베(阿部, 국민), 가와지리(川尻, 만조보)

● 오오카(大岡, 경일), 다카하타(高畑, 법률)

046 조선의 통화

제일은행권(1)

제일은행권(2)

보조 화폐

엽전

● 화폐 정리의 결과로 엽전(상평통보)과 백동화 2전 5분, 10전 및 시부사와의 초상이 들어있는 제일은행권 등은 모두 통용되지 않는다.

○ 1904년부터 1909년 사이에 진행된 대한제국 화폐정리사업의 결과, 기존에 통용되던 엽전(상평통보), 백동화(2전 5분 및 10전) 등 전통 화폐와 일본 제일은행권 중 일부가 더 이상 통용되지 않게 되었다. 이는 구화폐를 신화폐(일본 제일은행권)로 교환하게 하여 기존 대한제국이 발행했던 화폐의 가치를 떨어뜨리고 일본 화폐를 조선에 유통시키려는 목적을 가지고 있었다. 화폐정리사업은 구화폐를 교환하는 과정에서 백동화를 저평가하여 제일은행권과 교환하도록 함으로써 조선 상인과 농민들이 큰 타격을 입었다. 반면 일본은 이 과정에서 막대한 이익을 취하며 대한제국 경제를 일본에 종속시키는 결과를 낳았다.

047 조선의 산물

직물류

고려청자

깔개류

047 _조선의 산물

농산물(1)

농산물(2)

048 _주요한 관민 기념 필적1

松村壽治	李憲珪	國友尙謙 境喜明	中井喜太郎 山形閒 加藤吳一 殷野義雄 大澤熊次郎 太田淸松	末木戒三 楢本勳子 荒川金三 多田徐	永谷隆志	佐鹿府警務總監印 明石元二郞
宮尾賢吾	福山直	黑澤義郎 三浦快哉 治吉昌三郞 大橋彌三郎 金秉元 菁木捻作	村田忠 渡邊龍吉郎 袞角仲鉛 時任善政 朴榮喆 黃信泰	三浦惠一	畑原延太郎	黑石憲治
	春中 天井重男	前營道警務部長 栗原中戒 黑崎道雄本部長 宮內部警部長 比田幸民 蘆山直亥 囲分哲 李建春 俞星濬 韓昌洙	内閣	鈴木重武	今村鞆	趙聲九 宮內府
吉原文吾	浴日牛麿	軒庄作伐 蓮光源凡 內部及溪域府 岡田信利 佐伯達 平野貞次 吉山淺三郎 村上誠信	多田桓 津輕英麿			山口三牛松

049 _주요한 관민 기념 필적2

050 _주요한 관민 기념 필적3

051 _주요한 관민 기념 필적4

052 _주요한 관민 기념 필적5

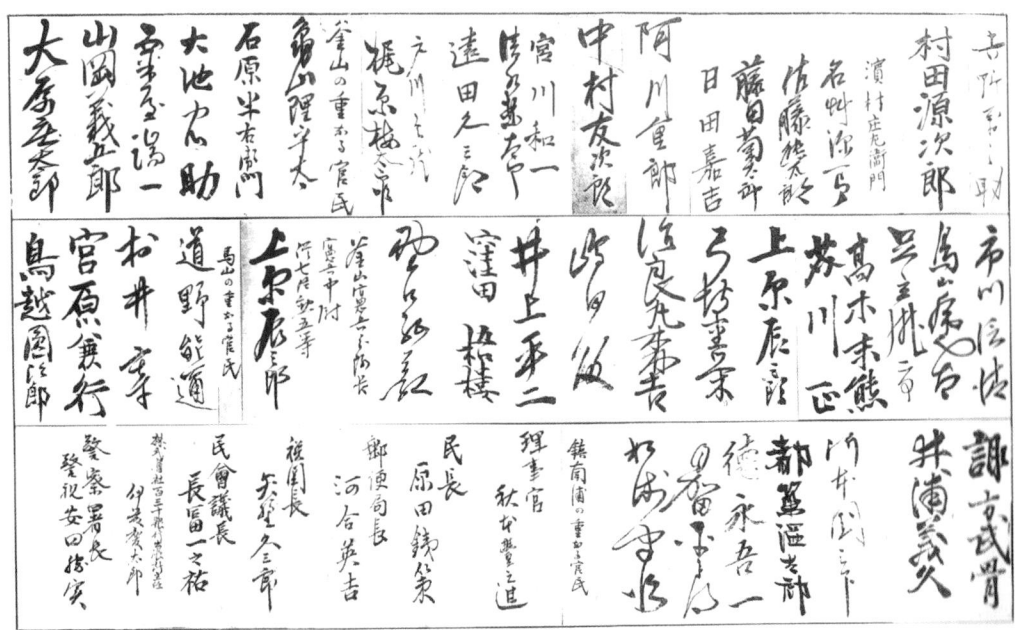

052 _주요한 관민 기념 필적5

후지타 겐이치

스기 이치로베이

052 _주요한 관민 기념 필적5

우치다 료헤이

나카무라 사이조

조병택

● 일한인쇄회사 사장 후지타 겐이치(藤田謙一)

● 신반도사 사장 스기 이치로베이(杉市郎平)

○ 전 일진회 고문 우치다 료헤이(內田良平, 1874~1937)
　일본의 극우주의자로 일제의 조선 병합에 깊이 관여한 인물이다. 1906년 초대 한국 통감 이토 히로부미의 수행원 자격으로 조선을 방문해 통감부 촉탁으로 활동을 시작했다. 1907년에는 친일 단체인 일진회의 회장 이용구와 협력하였고 1909년에는 일진회 명의로 한일합방 건의서를 작성해 순종 황제와 통감 소네 아라스케, 총리대신 이완용에게 제출하기도 하였다.

○ 경성종로상업회의소 대표 조병택(趙秉澤, 1859~1924)
　한말 저포상으로 자본을 축적하여 자수성가한 실업가로 1906년 한일은행 초대 은행장으로 취임했으며, 1907년부터 1910년까지 경성상업회의소 대표를 역임했다. 또한 한성공동창고주식회사 중역, 한호농공은행 중역, 조선식산은행 상담역 등 다양한 금융 및 상업 분야에서 활동했다.

○ 경성 일본인상업회의소 부대표 나카무라 사이조(中村再造, 1855~1926)
　경성 일대 일본 민간인들로부터 야마구치 다헤에(山口太兵衛), 와다 쓰네이치(和田常市)와 함께 3원로로 불리던 재계의 거두로 알려져 있다.

053 _조선 귀족의 내지 관광단1

● 1910년 11월 3일 도쿄에서 촬영된 사진

○ 조선 귀족의 내지 관광단(전원)

1910년 10월, 일제에 의해 작위를 받은 76명의 조선 귀족 중에서 일부가 부부 동반으로 일본 도쿄를 비롯한 대도시에 관광을 갔다. 이들을 '조선귀족관광단' 또는 '귀족동경관광단'이라고 불렀다. 『순종실록부록』에는 1910년 10월 22일 이들 '귀족동경관광단'에게 특별금 5,000원을 하사했던 내용이 기록되어 있다. 이들의 체류 비용은 총독부에서 전액 부담하였고 10월 23일 일본으로 출발했다.

본 사진첩의 서문은 신반도사 사장 스기 이치로베이가 관광단이 체류하던 11월 3일 천장절에 쓴 것으로 되어 있다.

054 _조선 귀족의 내지 관광단2

● 일행 중 부인들이 미쓰코시에서 촬영

055 _경성의 모습

청일 전쟁 전 경성의 일본인 거류지

1910년경의 경성

○ 이 사진은 당시 명동성당 부근에서 남산 쪽을 바라보며 찍은 것으로 보이며 왼쪽 남산 자락 아래로 일본 공사관의 모습이 보인다.

056 _통감부와 통감관저

통감부

경성의 통감관저

○ 통감부

1905년 을사늑약의 결과로 1906년 2월 1일에 설치된 최초의 통감부는 광화문 육조거리에 있던 옛 외부 건물을 사용하였다. 그러다가 1년 후 신청사의 완공과 더불어 1907년 1월에는 예장동 8번지로 자리를 옮기게 되었다. 구 서울 애니메이션 센터가 있던 곳이고 지금은 서울 창조산업허브 조성사업 공사 중에 있다.

1910년 경술국치 이후에는 통감부 건물이 그대로 조선총독부 청사로 전환되어 사용되었다. 이후 1926년 경복궁 홍례문 자리에 신청사가 준공되면서 총독부는 일제 패망 때까지 경복궁 안에 있게 된다.

○ 현재의 통감부 터 모습

○ 통감관저

일본은 1884년 갑신정변으로 인해 체결된 한성조약 제4조에 따라 공사관 부지와 건물 공사비를 조선 정부에 요구했다. 이에 1885년에 조선 정부가 제공한 남산 북쪽 방향(현 서울시 중구 예장동 2-1) 소위 '왜성대(倭城臺)'에 터를 잡았으며 1893년 2층짜리 공사관 건물을 신축하게 된다. 을사늑약 이후 1906년 2월에 통감부가 설치된 뒤에 기존 청사는 통감관저로 사용되었다.

1907년 10월 16일 대한제국을 방문한 일본 황태자 요시히토(嘉仁)가 관저를 4일간 숙소로 이용하기도 하였다. 1908년에는 다쓰노 긴고(辰野金吾)가 새로운 통감관저를 설계하였는데, 같은 해 용산에 가타야마 도쿠마(片山東熊) 설계의 통감관저가 세워지면서 계획에 그치고 말았다.

남산 통감관저는 1910년 8월 22일 소위 병합조약이 체결되었던 곳이다. 1910년 병합 이후에는 총독관저로 전환되었고, 1939년 9월 22일 경무대 총독관저의 신축으로 옮겨질 때까지 식민통치자들의 심장부 역할을 해왔다. 1940년에는 시정기념관으로 운영되었다.

○ 현재의 통감관저 터 진입로

○ 현재의 통감관저 터 입구

○ 현재의 통감관저 터에 거꾸로 세운 동상 〈남작하야시곤스케군상〉

○ 통감관저 터 표지석

○ 거꾸로 세운 동상과 통감관저 터 표지석 전경

○ 현재 경술국치 현장인 통감관저 터에는 신영복 선생이 쓴 '통감관저 터'라는 표지석이 서 있으며 과거 통감관저에 세워져 있었던 하야시 곤스케의 동상 잔해를 모아 거꾸로 세워놓았다. 또한 '일본군' 위안부 피해자의 용기 있는 증언을 기리기 위해 '기억의 터'로 새롭게 조성해 놓았다.

057 _경성1

남대문

동대문

057 _경성1

수표교

독립문

○ 현재의 독립문 모습

○ 독립문

청일 전쟁 이후 중국의 사신을 맞이하기 위해 세운 영은문이 사대주의의 대표적인 상징이라 하여 철거되었다. 그리고 이후 영은문을 철거한 자리에 독립의 상징으로 독립문을 세우자는 독립문 건립 추진 위원회가 생겨났으며 이것이 독립협회의 모체가 된다. 이후 1897년 11월 영은문이 있었던 부지에 독립문이 건립되었다. 이때 영은문이 완전히 사라진 것은 아니어서 영은문의 주초는 지금도 독립문 앞에 남아 있는 상황이다.

1979년 사직터널에서 금화터널을 연결하는 고가차도가 독립문 부지 위에 놓이게 되자 독립문은 북서쪽으로 70미터 정도로 이전하여 지금의 자리에 위치하게 되었다.

058 _경성2

탑골공원

원각사지10층석탑

탑골공원의 현재 모습

원각사지10층석탑의 현재 모습

058 _경성2

갑오역 기념비

남산공원

○ 탑골공원

　1897년 원각사 터를 영국인 브라운의 건의에 따라 근대적 공원으로 조성하고 영어로 불탑을 의미하는 파고다 공원으로 불렸다. 1919년 3.1운동 때에는 팔각정에서 기미독립선언서가 낭독되기도 했다. 1991년 원래의 지명인 '탑골'을 따서 탑골공원으로 개칭하였다.

○ 원각사지10층석탑

　경천사지10층석탑의 영향을 받아 조선 세조 때 건립된 원각사지10층석탑은 상층부 3개층이 무너져 있는 상태였는데 해방 후인 1946년 미군 공병대가 장비를 동원하여 복원해 준 것으로 알려져 있다. 현재는 탑의 훼손이 심각해지자 새의 배설물과 산성비에 노출되는 것을 피하기 위해 1997년부터 유리로 제작된 보호각을 세워 보호하고 있다.

○ 갑오역기념비(甲午役紀念碑)

　갑오역기념비는 일제가 청일 전쟁 승리를 기념하여 건립한 기념비이다. 남산 북쪽 언덕 남산공원에 위치하여 일본군 전사자 유골을 묻고 청일 전쟁뿐만 아니라 임오군란, 갑신정변 등의 전사자도 추모하는 기념비로 이용되었다.

059 _경성3

원구단(환구단)

● 고종 황제가 즉위식을 거행한 장소

흥선대원군 묘소

세검정

○ 원구단(환구단)

1897년 고종이 대한제국의 황제로 즉위하면서 옛 남별궁을 헐어 내고 황제가 하늘과 땅에 제사를 올릴 원구단을 조성하였다. 일제 강점기인 1913년에 철거되어 지금은 그 자리에 조선호텔이 들어서 있다. 현재 부속 건물인 황궁우만이 남아 있는 상태이다.

원구단의 현재 모습

○ 흥선대원군 묘소

1898년 흥선대원군 이하응이 사망하자 말년에 기거하였던 마포구 공덕동 아소정 뒷산에 안장되었다. 이후 1908년 경기도 파주 운천면으로 이장되었다가 현재는 남양주시 화도읍에 위치하고 있다.

060 _창덕궁 내의 어원(御苑)

온실 내부

식물원의 온실

동물원의 호랑이

동물원의 학

○ 창덕궁 내의 어원(御苑)

창덕궁 내의 왕실 정원으로 되어 있지만, 이는 일제가 1909년 순종 황제의 마음을 달랜다는 이유로 창경궁의 전각을 훼손하고 동물원과 식물원을 만들어 유원지로 조성한 것이다.

창경궁은 본래 세종이 즉위하면서 상왕인 태종을 모시기 위하여 지은 것이다. 1911년 일제에 의해 이름도 창경원(昌慶苑)으로 격하되는 등 수난을 겪었다. 해방 이후에도 한동안 창경원으로 불리다가 1983년 동물원과 식물원을 서울대공원으로 옮기면서 창경궁이라는 이름을 되찾게 된다.

061 _창덕궁과 경복궁

창덕궁 주합루

경복궁 향원정

061 _창덕궁과 경복궁

근정전 옥좌

경복궁 교태전 건순각

관월대(觀月臺)

○ 경복궁 교태전 건순각(健順閣)

왕비의 거처인 경복궁 교태전 뒤편에 붙어 있는 전각이 건순각이다. 왕자를 건강하게 순산하기를 바라는 뜻에서 건순각이라 이름 지어졌다.

062 _경복궁

경복궁 근정전

광화문 전경

왕비의 별궁

경복궁 경회루

○ 왕비의 별궁

1873년에 경복궁 내에 지어진 건천궁(乾淸宮)은 왕의 거처인 장안당(長安堂)과 왕비의 처소인 곤녕합(坤寧閤)으로 이루어져 있다. 1891년에는 건청궁 내 장안당 뒤쪽으로 러시아 건축가 세레친 사바틴에 의해 왕의 서재인 관문각(觀文閣)이 서양식 건축물로 세워졌다. 관문각은 부실공사로 인해 1901년 헐렸다. 곤녕합의 옥호루는 을미사변의 현장으로 명성황후가 시해된 곳이다.

063 _경성의 각국 공사관

청국공사관

러시아공사관

프랑스공사관

미국공사관

영국공사관

옛 러시아공사관의 현재 모습

○ 대한제국기 각국 공사관은 경성 중심부에 위치하여 러시아공사관, 프랑스공사관, 영국공사관, 미국공사관은 정동에 자리했고 청국공사관은 명동에 자리했다.

최초의 외국공사관 건물인 미국공사관은 한옥으로 지어졌으며 영국공사관은 현재 주한영국대사관으로 사용되고 있다. 러시아공사관은 1896년 2월부터 1897년 2월까지 고종이 파천했던 곳으로 현재 건물은 대부분 파괴되고 지하층과 탑옥 부분만이 남아 있다.

064 _경성의 재판소와 법정

경성의 재판소와 법정 풍경

○ 경성재판소

　대한제국 시기에는 고등재판소에 해당하는 평리원과 지방재판소로 이루어진 2심 체계를 구축하고 있었다. 을사늑약 이후 통감부는 1907년 재판소구성법을 제정해 평리원을 대심원과 공소원으로 분리하여 최종심으로 대심원을 설치하였다. 또한, 검사국을 두어 검사총장이 하급검사국을 지휘, 감독하게 하였다. 1909년에는 기유각서를 통해 대한제국의 사법행정 사무가 일본정부에 위탁되게 되어 대심원을 고등법원으로 개칭함으로써 일본의 최고법원인 대심원보다 그 지위를 격하시켰다.

　사진에는 경성구재판소, 경성공소원, 대심원, 경성지방재판소의 현판이 걸려 있는 것으로 보아 1908년 의금부 터에 완공된 재판소 건물로 판단된다. 현재 종로1가 SC제일은행이 있는 공평동에 해당된다

065 _경성4

한성사범학교

○ 한성사범학교

1895년, 제2차 갑오개혁의 영향 아래 '교육입국조서'가 공포되면서 교사 양성을 위한 한성사범학교의 관제가 마련되어 우리나라 최초의 관립 교원 양성 학교가 설립되었다. 이는 최초의 근대식 학교 관제에 의해 설립된 첫 번째 관학(官學)으로서, 교사를 양성하기 위한 근대적 교육 기관이라는 점에서 큰 의의를 지닌다. 그러나 1910년 국권을 상실한 이후, 1911년 일제가 식민지 교육을 위해 공포한 '조선교육령'에 따라 한성사범학교는 관립 경성고등보통학교의 사범과 또는 교원 속성과로 개편되며 폐교되었다. 현재 서울 교동초등학교가 한성사범학교가 있었던 자리이며, 당시 교동초등학교는 한성사범학교의 부속 소학교였다.

서울 교동초등학교

065 _경성4

한국은행 조감도

○ 한국은행

 화폐 정리 사업을 추진하던 일제는 당시 화폐 발행과 국고 관리 등 중앙은행의 기능을 제일은행 조선지점이 수행하도록 하였다. 이후 1907년부터 통감부와 일본 대장성은 한국에 중앙은행을 설립하는 방안을 검토하기 시작했고, 이에 따라 1909년 7월 '한국은행조례'가 공포되었다. 이 조례에 근거해 같은 해 11월, 한국 정부가 30%, 일본인이 68%를 출자하여 한국은행이 설립되었다. 제일은행 조선지점은 업무와 점포, 직원을 대부분 한국은행에 넘겼으며, 총재를 비롯한 주요 임원은 모두 일본인이었다.

현 한국은행 화폐박물관

 1910년 국권을 상실한 후, 1911년 공포된 '조선은행법'에 따라 한국은행은 조선총독부 산하의 조선은행으로 재편되며 사실상 식민지

065 _경성4

관립공업전습소

중앙은행으로 재출범하였다. 조선은행 본관 건물은 1907년 제일은행 경성지점으로 착공되어 1909년 7월 11일 정초(定礎)되었고, 1912년 조선은행 본점으로 완공되었다. 정초석의 글씨는 이토 히로부미가 직접 쓴 것이다. 이후 이 건물은 1950년 대한민국 중앙은행인 한국은행이 창립되면서 본점으로 사용되었고, 현재는 한국은행 화폐박물관으로 활용되고 있다.

이토 히로부미가 쓴 정초석

○ 관립공업전습소

관립공업전습소는 1907년 대한제국기에 설립된 초보적인 공업 및 과학 기술 교육 기관으로, 공업 기술의 교육과 전파를 목적으로 만들어졌다. 이는 우리나라 최초의 근대적 과학 기술 교육 기관이라는 점에서 중요한 의의를 지닌다. 한동안 서울 동숭동에 위치한 한국방송통신대학교 건물이 공업전습소의 본관으로 알려졌으나, 실제 방송통신대 건물은 1912년에 건립된 조선총독부 중앙시험소 청사였음이 확인되었다.

065 _경성4

일한와사전기주식회사

○ 일한와사전기주식회사(瓦斯電氣株式會社)

일한와사전기주식회사 사옥은 본래 1901년에 신축된 한성전기회사 사옥이다. 종로 2가 8번지에 위치해 있었으며 시계탑이 설치된 건물로 주목을 받았다.

한성전기회사는 전차, 전기, 전화 등의 사업권을 가진 회사로, 1898년 황실 자본을 바탕으로 미국의 자본과 기술을 도입해 설립되었다. 이후 1904년 한미전기회사로 전환되었으나, 1909년 러일 전쟁에서 승리한 일본이 한국의 전력 사업을 장악하면서 시부사와 에이이치(澁澤榮一)가 설립한 일한와사주식회사에 인수되었다.

1915년에는 사명이 경성전기주식회사로 변경되었고, 이 무렵부터 해당 사옥은 종로경찰서로 사용되었다. 이후 1930년에는 총독부 체신국 간이보험과로 활용되었으며, 1936년에 철거되어 그 자리에는 장안빌딩이 들어섰다.

현재 장안빌딩의 모습

066 _경성5

용산인쇄국

한강철교

마포연와제조소

○ 용산인쇄국

　탁지부 인쇄국은 용산 전원국이 폐지된 자리에 세워졌으며 대한제국 시기에는 주권, 채권, 어음, 수표 용지 등 각종 유가증권을 비롯해 한국은행권의 제판 작업도 수행하였다. 이와 함께 교과서를 포함한 관찬 간행물의 인쇄 역시 이곳에서 이루어졌다. 이후 일제 강점기에 들어서면서 총독부 인쇄국으로 승계되었고, 1912년에는 '인쇄소'로 명칭이 변경되었다. 일제하에서 이 인쇄소의 주요 업무는 조선은행권 제작과 조선총독부 관보의 인쇄였다.

○ 한강철교

　1899년 우리나라 최초의 철도인 경인선이 전 구간을 한꺼번에 개통하지 못하고 제물포에서 노량진 구간만 먼저 개통된 것은 한강철교가 아직 완공되지 않았기 때문이었다. 공사 과정에서 여름철 대홍수로 시설물이 유실되고, 겨울철 한파로 공사가 지연되면서 철교는 1900년 7월 5일이 되어서야 가설 공사를 마칠 수 있었다. 한강철교는 노량진 쪽에 9개의 교각이 설치된 철교로 건설되었고, 용산 쪽은 모래사장이 펼쳐져 있어 그 구간은 목교로 이어져 있는 형태였다.

○ 마포연와제조소(煉瓦製造所)

　마포연와제조소는 1906년, 각종 관아 청사와 관사 등의 건립에 필요한 건축자재를 조달하기 위해 설립되었다. 탁지부건축소에 부속된 기관으로, 연와 제조를 위한 공장은 1907년 마포 도화동 7번지에 세워졌다. 1910년 일제강점 이후에는 조선총독부 산하 기구로 편입되었다.

066 _경성5

별영창

○ 별영창(別營倉)

별영창은 훈련도감 군인들의 급료와 마료(馬料)를 출납, 관리, 보관하는 군사용 창고였다. 절벽 중턱에는 별영창에 부속된 정자인 읍청루(挹淸樓)가 세워졌는데, 예로부터 풍광이 빼어난 명승지로 손꼽혔다.

개항 이후 용산강에 증기선이 다니고 용산이 청나라와 일본 상인들의 주요 활동 무대가 되면서 읍청루에는 세관이 설치되었다. 언덕 위에는 세관감시서가 있었는데, 총세무사였던 영국인 브라운(Brown)의 별장을 거쳐 일제강점기에는 조선총독부 정무총감의 별장으로도 사용되었다.

1934년 이후에는 용산과 마포를 연결하는 한강 연안도로 개설 공사로 절벽 암반이 깎여 나가면서 이 일대의 지형이 완전히 바뀌었다.

현재의 별영창 터

067 _인천1

인천항

바랴그호

코레예츠호

● 1904년 2월 9일 인천 앞바다에 침몰.

○ 1904년 2월 8일, 일본의 함대가 제물포항에 주둔하고 있던 러시아의 코레예츠호와 바랴그호를 공격하기 시작하면서 러일 전쟁이 시작되었다. 뜻하지 않은 공격에 러시아군은 큰 피해를 입었고 결국 나포당할 것을 염려하여 두 전함을 자폭, 좌초시키게 된다. 이후 제물포항에 상륙한 일본군은 곧바로 서울을 점령하여 용산에 주둔하였고 2월 9일 새벽에는 일본의 함대가 뤼순에 정박해 있던 러시아 해군을 공격하면서 뤼순항을 봉쇄하게 된다.

068 _인천2

혼쵸(本町) 거리

각국 거류지

일본장유주식회사

인천의 묘지

○ 각국 거류지

　인천 개항 이후 각국의 외국인 거류지가 조성되었으며, 그중 일본인이 다수 거주하던 일본인 거류지에는 혼쵸(本町)가 형성되었다. 인천의 혼쵸는 일제강점기 당시 인천의 중심 시가지로 기능했으며, 현재의 중구 중앙동 일대에 해당한다.

○ 일본장유주식회사(醬油株式會社)

　일본의 모기(茂木) 가문이 설립한 일본장유주식회사는 1905년 송림동에 간장 공장을 세우고 기코료(龜甲龍)라는 상표로 간장을 출시했다. 이후 1925년 기코만(龜甲萬) 상표로 제품을 생산하던 노다장유주식회사(野田醬油株式会社)에 합병되었다.

069 _개성

선죽교

개성 남대문

● 고려조 구신(舊臣) 정몽주가 살해된 자리는 속칭
'피로 물든 다리'라고도 불린다.

인삼밭

개성 전경

○ 선죽교

지금도 선죽교에는 붉은 자국이 남아 있는데, 이것이 이방원의 철퇴를 맞아 목숨을 잃었을 때 정몽주가 흘렸던 핏자국이라고 전해진다.

현재의 선죽교

선죽교의 붉은 자국

070 _황해도

옹진1

흑교역

신막역

옹진2

071 _평양1

모란대

대동강변

072 _평양2

칠성문

대동문

072 _평양2

겨울의 대동강

현무문

073 _평양3

평양 시가

기자릉

평양의 시골

073 _평양3

평양 수도(水道)

○ 평양 수도(水道)

평양 을밀대 배수지 인근에서 능라도 수원지를 바라본 광경이다. 1909년에는 대동강 본류에서 물을 끌어와 약 6만 명에게 680만 리터의 급수를 공급할 수 있는 상수도 공사가 완공되었다.

074 _진남포

진남포 시가1

진남포시가2

074 _진남포

항만 축조

세관

075 _신의주

압록강의 결빙

신의주 뗏목 도착 광경

신의주의 도강장

075 _신의주

의주로부터 구련성(九連城)을 조망

○ 구련성(九連城)

구련성은 청나라와 조선의 국경 지역인 압록강변에 위치한 지역으로 조선 후기에는 청과 조선 간의 사무역인 책문무역이 이루어지던 무대였다. 1894년 청일 전쟁 당시, 일본군은 압록강을 도하하여 청군을 구련성에서 철수하게 만들었고, 이는 일본이 청나라 영토를 처음으로 점령한 사례로 기록되고 있다.

076 _수원

방화수류정

076 _수원

수원 신풍루

화홍문

077 _부산1

초량 왜관의 그림

부산 시가

현재 부산 전경

078 _부산 2

부산 전경

부산과 목지도(牧之島)

○ 목지도(牧之島)

목지도는 현재의 영도(影島)를 가리키는 것으로 과거 국가가 운영하는 목장이 있었기 때문에 '목지도'라고도 불렸다.

079 _부산3

부산 초량간 매립지

부산항의 남변

부산 수도(水道) 저수지

부산 수도(水道) 수원지

○ 부산 수도(水道)

부산의 최초이자 최대 상수도 수원지는 부산 성지곡수원지였다. 1909년에 준공되어 1985년까지 부산 시민들에게 물을 공급했으며, 현재는 낙동강 상수도 공사의 완공으로 용수 공급은 중단되었다.

080 _마산

마산 시가1

마산 시가2

080 _마산

마산 이사청

마산 병영

081 _목포와 군산

목포항

군산항

082 _경주

첨성대

경주 불국사

태종무열왕비

불국사 불전

083 _총석정과 석왕사

강원도 총석정

석왕사2

석왕사1

084 _원산과 함흥

원산항

함흥 병영

정화릉

○ 정화릉(定和陵)

정화릉은 함경남도 함흥시에 있는 조선 태조 이성계의 아버지인 환조(桓祖) 이자춘과 이성계의 어머니인 의혜왕후 영흥 최씨의 합장릉이다. 태조 즉위 후 추존된 왕릉이다.

085 _함흥

함흥본궁 정전과 이성계 수식송

만세교

○ 함흥본궁 정전과 이성계 수식송(手植松)

이성계(李成桂)가 왕위에 오른 뒤, 자신의 조상들이 살던 집터에 새로 집을 짓고 그곳에 4대 조상의 신주를 모셔 제사를 지내게 하였다. 이후 왕위에서 물러난 다음에는 이 건물을 본궁(本宮)이라 부르며 오랫동안 거처하였다. '함흥차사(咸興差使)'라는 말도 이성계가 함흥본궁에 머무를 때 생겨난 것이다.

유적 건물 앞마당에는 함흥반송(咸興盤松)이라 불리는 희귀한 소나무가 있다. 이 나무는 가지가 두 갈래로 갈라진 특이한 형태를 지닌 변종 소나무로, 이성계가 칩거하던 시절 직접 심었다고 전해진다. 반송은 소반처럼 퍼진 모양의 소나무를 뜻하며, 현재는 북한의 천연기념물로 지정되어 있다.

○ 만세교(萬歲橋)

만세교는 성천강을 가로질러 놓인 길이 약 500미터의 나무다리로, 조선 왕조 군주의 만수무강을 기원하는 뜻에서 이성계가 만세교라 이름 붙였다고 전해진다. 러일 전쟁 당시 퇴각하던 러시아군이 다리에 불을 질러 소실되자, 일본 공병대가 이를 목조로 다시 세워 1908년에 준공하였다. 그러나 1928년 대홍수로 유실되었고 이후 철근콘크리트 구조로 재건되었다.

085 _함흥

공자묘

서호진

○ 서호진(西湖津)

함흥의 외항이자 흥남항의 방파제 역할을 하는 곳으로 귀경대를 포함한 서호진 해수욕장 주변의 경치가 빼어난 곳이다. 조선 순조 때의 함흥판관 이희준의 부인 의유당 김씨가 쓴 『동명일기』에 등장하는 곳이다. 소설가 안수길의 고향이기도 하다.

086 _성진항

087 _청진, 회령

청진항

회령의 원경

087 _청진, 회령

부령 정거장

회령의 팔의비

○ 부령

부령은 함경북도 북부에 위치한 지역으로 회령, 경흥 등과 접하고 있다. 세종이 북방 여진족을 막기 위해 6진을 개척하면서, 이 지역에 영북진(寧北鎭)을 설치했는데, 부령이라는 이름은 이곳에 있던 부거(富居)와 영북진(寧北鎭)에서 한 글자씩 따서 지었다. 부령군의 일부였던 청진이 개항장이 되면서 점차 발전하게 되었다.

○ 회령의 팔의비(八義碑)

회령읍내의 현충사에 있는 현충사비는 임진왜란 때 공을 세운 신세준(申世俊), 정여경(鄭餘慶), 허관(許灌) 등 8명의 공적을 기념하여 1703년(숙종 29))에 세운 것이다. 탁본이 국립중앙박물관에 소장되어 있다.

088 _명소

통영

강화도 읍내

088 _명소

관촉사 은진 미륵

광주의 진남문

북한산의 거석

089 _광량만과 주안염전

광량만(廣梁灣)1

광량만(廣梁灣)2

○ 광량만(廣梁灣)

평안남도 대동강 하류에 위치하고 있으며 남쪽 해안은 황해도 은율군에 접해 있다. 광량만 일대는 강수량이 적고 증발량이 많아 염전이 조성되기도 했다.

089 _광량만과 주안염전

주안 염전1

주안 염전2

○ 주안 염전

1907년 탁지부에서 인천 주안에 최초로 천일염 시험 염전을 설립하였고, 이후 대규모 주안 염전이 조성되어 1919년에 완성되었다.

090 _일본인 학교

인천기념유치원

경성히노데심상고등소학교

부산상업학교

낙동심상소학교

091 _생활모습1

부인의 외출

양반의 외출

가마

승마

092 _생활모습2

활쏘기

장기

아이들의 놀이

널뛰기

093 _생활모습3

양반

생일 잔치

신랑, 신부

시골의 가정

094 _생활모습4

서당

들판의 농부

길가에서의 낮잠

축전 행사

095 _생활모습5

솔잎 장사

항아리 장사

엿 파는 아이

물 긷기

기생의 연주

096 _생활모습6

암석의 조각

승려의 독경

장승

노량진 도선장

097 _생활모습7

음식점

땔나무 장사

얼음 낚시

모자점

솔잎 장사

굴토

아이 돌보기

수차

기마

098 _생활모습8

식사 중

부인의 재봉

다듬이질

쌀 빻기

099 _생활모습9

잡화점

쌀가게

노점상

주막

100 _판권

不許翻刻

明治四十三年十二月一日印刷
明治四十三年十二月四日發行

編纂者　東京市麴町區上六番町三十番地　杉　市　郎　平

發行者兼印刷者　東京市麴町區上六番町三十番地　瀨　川　光　行

印刷所　東京市京橋區築地二丁目五番地　臺　紙　開　舍

發行所　東京市麴町區上六番町三十番地　元　元　堂　書　房
電話番町一五八八番
振替口座八六〇二番

朝鮮京城大和町二丁目　新　半　島　社
（電話一五三〇番）

101 _1993년 판권

> 부끄러운 역사를
> 되풀이 말자 /

資料提供者
辯護士 **李 相 赫**

影 印 處 / 國 家 報 勳 處
影印發行 / 93年 11月 20日
印　　刷 / 國 學 資 料 院

참고문헌

강수진, 「조선 전기 수전(水戰)의 문화적 의미 변화와 수전희(水戰戲) 소재 한시 양상 연구―한양의 수군 훈련 행사를 중심으로」, 『韓國古典研究』62, 2023

구동준, 「대한제국기 일본 황태자 迎接 儀禮 고찰 ―1907년 일본 황태자[大正天皇]의 訪韓을 중심으로―」, 『서울과 역사』119, 2025

김명섭, 「1905년 元泰祐의 이토 히로부미 응징의거 연구」, 『동양학』96, 2024

김정동, 「서울역 역사(驛舍)의 근대성」, 『이상리뷰』4, 2005

金天洙, 「일제시기 용산기지 형성 과정에 대한 기초 연구」, 『향토서울』87, 2014

민족문제연구소 편집부, 『친일인명사전』1,2,3, 민족문제연구소, 2009

박광서, 「조선말의 재정개혁에 관한 연구」, 『산업연구』21, 1998

박한민, 「조일수호조규 관철을 위한 일본의 정찰활동과 조선의 대응」, 『역사학보』217, 2013

방광석, 『근대 일본의 한국 인식과 침략론』, 동북아역사재단, 2024

서울특별시 시사편찬위원회 편, 『서울 2천년사. 14, 조선시대 한성부의 역할』, 서울특별시 시사편찬위원회, 2013

신동규, 「대한제국기 사진그림엽서로 본 한일병탄의 서막과 일본 제국주의 선전」, 『동북아 문화연구』51, 2017

신동규, 『1910년 일본인이 본 한국병합: 조선사정과 조선사진첩』, 동아대학교 역사인문이미지연구소 총서2, 경인문화사, 2020

양준호, 『식민지기 인천의 기업 및 기업가』, 인천학연구원, 2009

육군군사연구소 편, 『한국군사사 5, 조선전기I』, 경인문화사, 2012

윤대원, 「1910년 병합 '칙유'의 文書上의 결함과 불법성」, 『한국문화』53, 2011

윤석산, 「해월 최시형의 서소문 옥중 생활과 처형 과정」, 『동학학보』38, 2016

이규수, 「개항장 인천과 재조일본인」, 『일본학연구총서』 29, 2015

이순우, 『그들은 정말 조선을 사랑했을까? : 일그러진 근대 역사의 흔적을 뒤지다 2』, 하늘재, 2005

이순우, 『통감관저, 잊혀진 경술국치의 현장 : 일그러진 근대 역사의 흔적을 뒤지다 3』, 하늘재, 2010

이순우, 『용산, 빼앗긴 이방인들의 땅』 1,2, 민족문제연구소, 2022

이왕무, 「대한제국기 순종의 西巡幸 연구-『西巡幸日記』를 중심으로-」, 『동북아역사논총』 31, 2011

이이화, 『이이화의 동학농민혁명사』 2, (주)교유당, 2020

정승혜, 「小倉文庫 所藏 나카무라쇼지로 資料의 國語學的 考察」, 『일본문화연구』 26, 2008

주현희, 「신조 준테이(新庄順貞)의 『鮮語階梯』(1918) 연구」, 『한국학연구』 85, 2023

최낙진, 「한성순보와 한성주보 관련 이노우에가쿠고로(井上角五郎)의 저작물에 대한 비판적 접근」, 『커뮤니케이션학 연구』 32-3, 2024

하지연, 「韓末·日帝강점기 菊池謙讓의 문화적 식민활동과 한국관」, 『동북아역사논총』 21, 2008

한국정신문화연구원, 『한국민족문화대백과사전』, 1991.

황민혜, 「사진으로 본 구 용산역사(1906년-미상) 외관의 양식 절충성에 관한 연구」, 『한국철도학회논문집』 21-5, 2018

三宅一郎, 『満鮮見たまゝ』, 山陽新聞社, 1942

美作人事興信録出版部 編, 『美作人事興信録, 下巻』, 1937

일본은 왜 한국역사에 집착하는가3
_일본, 조선병합을 기념하다

초판 1쇄 발행 2025년 8월 29일

지은이 홍성화
펴낸이 곽유찬

이 책은 **편집** 손영희 님, **표지디자인** 장상호 님,
본문디자인 곽승겸 님과 함께 진심을 다해 만들었습니다.

펴낸곳 레인북
출판등록 2019년 5월 14일 제 2019-000046호
주소 서울시 서대문구 홍은중앙로3길 9 102-1101호
이메일 lanebook@naver.com

ISBN 979-11-93265-63-5 (03910)

*시여비는 레인북의 브랜드입니다.
*책값은 표지 뒤쪽에 있습니다.
*잘못된 책은 구입하신 서점에서 교환해드립니다.
*이 책은 저작권법에 의하여 보호를 받는 저작물이므로 무단 전재와 복제를 금합니다.